Vorbereiten
auf Ausbildung
und Beruf

ARBEITSWELT

Roland Dörfler
Dr. Andreas Gmelch

unter Mitarbeit der Verlagsredaktion

westermann

Auf verschiedenen Seiten dieses Buches befinden sich Verweise (Links) auf Internet-Adressen. Haftungshinweis: Trotz sorgfältiger inhaltlicher Kontrolle wird die Haftung für die Inhalte der externen Seiten ausgeschlossen. Für den Inhalt dieser Seiten sind ausschließlich deren Betreiber verantwortlich. Sollten Sie bei dem angegebenen Inhalt des Anbieters dieser Seite auf kostenpflichtige, illegale oder anstößige Inhalte treffen, so bedauern wir dies ausdrücklich und bitten Sie, uns umgehend per E-Mail unter www.westermann.de davon in Kenntnis zu setzen, damit der Verweis beim Nachdruck gelöscht wird.

Das Werk und seine Teile sind urheberrechtlich geschützt. Jede Nutzung in anderen als den gesetzlich zugelassenen Fällen bedarf der vorherigen schriftlichen Einwilligung des Verlages. Hinweis zu § 52 a UrhG: Weder das Werk noch seine Teile dürfen ohne eine solche Einwilligung gescannt und in ein Netzwerk eingestellt werden. Dies gilt auch für Intranets von Schulen und sonstigen Bildungseinrichtungen.

1. Auflage, 2011
Druck 1, Herstellungsjahr 2011

© Bildungshaus Schulbuchverlage
Westermann Schroedel Diesterweg Schöningh Winklers GmbH, Braunschweig
www.westermann.de

Redaktion: Heidrun Kreitlow
Layout-Konzept und Umschlaggestaltung: boje5 Grafik & Werbung, Braunschweig
Satz: AndersARTig Werbung & Verlag GmbH
Druck und Bindung: westermann druck GmbH, Braunschweig

ISBN 978-3-14-290524-2

Vorwort und Nutzerhinweise

Dieses Buch soll jungen Erwachsenen bei der beruflichen und sozialen Integration helfen. Es ist Bestandteil der Reihe „Vorbereiten auf Ausbildung und Beruf" und wurde speziell für alle Formen der Berufausbildungsvorbereitung entwickelt.

In allen Kapiteln werden die Sachverhalte in einer einfachen Sprache beschrieben. Eine große Anzahl von selbsterklärenden Fotografien und Grafiken begleiten anschaulich die textlichen Beschreibungen.

Alle Kapitel beginnen mit einer Übersichtsseite.
Sie informiert über den zu erwartenden Inhalt und soll Interesse wecken.

In den Kapiteln sind vielfältige Themenbezüge aus der Erlebens- und Erfahrungswelt junger Erwachsener zu finden, an denen die fachlichen Aspekte behandelt werden. Durch das Einbeziehen praxisbezogener Aufgabenstellungen wird ein handlungsorientierter Unterricht ermöglicht. Jedes Fachkapitel endet mit einer großen Zusammenfassung, die eine gezielte Wiederholung und Festigung des Erlernten unterstützt.

Im Interesse der besseren Lesbarkeit wurde in diesem Buch meist nur die männliche Form verwendet. Selbstverständlich sind immer beide Geschlechter angesprochen.

Die Autoren und der Verlag sind für Hinweise und Verbesserungsvorschläge jederzeit aufgeschlossen und dankbar.

Autoren und Verlag

In diesem Buch werden immer wiederkehrende Symbole und Elemente verwendet. Sie dienen dazu, den Überblick zu behalten:

Aufgaben

Zusatzinformationen und -aufgaben

Zusammenfassungen

Merksatz

Inhaltsverzeichnis

1	**Arbeit ist das halbe Leben**	**5**
1.1	Leben und arbeiten	6
1.2	Bedeutung der Arbeit	8
1.3	Was heißt Arbeit?	14
2	**Arbeit hat viele Gesichter**	**19**
2.1	Arbeit fordert	20
2.2	Arbeit belastet	26
2.3	Arbeit fördert	30
3	**Die Berufswahl sorgfältig planen**	**35**
3.1	Sich selbst realistisch einschätzen	36
3.2	Einflüsse auf die Berufswahl kennen	42
3.3	Hilfen zur Berufswahl kennen und nutzen	44
4	**Erfolgreich bewerben**	**49**
4.1	Die Visitenkarte – die Bewerbungsmappe	50
4.2	Das Vorstellungsgespräch	58
4.3	Der Einstellungstest	60
5	**Wege in den Beruf**	**63**
5.1	Schule fertig – was jetzt?	64
5.2	Vorbereiten auf Ausbildung und Beruf	66
5.3	Die Berufsausbildung	68
6	**Alles was Recht ist**	**71**
6.1	Berufsausbildung nur mit Vertrag	72
6.2	Der Arbeitsvertrag	78
6.3	Arbeitsschutz für alle	80
6.4	Die Arbeitswelt mitgestalten	86
7	**Arbeit und Entgelt**	**89**
7.1	Entgelt für geleistete Arbeit	90
7.2	Entgeltformen	92
7.3	Tarifvertrag	94
7.4	Entgeltabrechnung	96
8	**Gut zu wissen**	**99**
8.1	Das eigene Konto	100
8.2	Kaufvertrag	102
8.3	Versicherungen	104

Register	108
Glossar	110
Bildquellenverzeichnis	112

Arbeit ist das halbe Leben 1

1.1 Leben und arbeiten

Wenn die Arbeit ein Vergnügen ist, wird das Leben zur Freude.

1.2 Bedeutung der Arbeit

Man lebt nicht nur vom Brot allein.

1.3 Was heißt Arbeit?

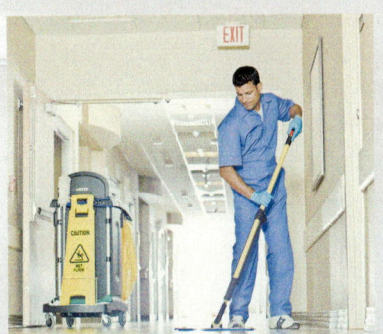

Arbeit ist nicht gleich Arbeit.

1 „Zurück in die Zukunft" – mit der Zeitmaschine in die Vergangenheit und die Zukunft

1.1 Leben und arbeiten

Im Film „Zurück in die Zukunft" 1 kann der Hauptdarsteller in die Vergangenheit und in die Zukunft reisen. Es wäre doch faszinierend, wenn man das auch könnte. Was würde man sehen? In der Vergangenheit:

- als Baby – rundum versorgt,
- als Kleinkind – Hauptsache Spielen,
- als Schulkind – Lernen, aber auch Freizeit …

In der Zukunft:

- mit 20 Jahren – Ausbildung fertig?
- mit 23 Jahren – Familie gründen?
- mit 25 Jahren – sicherer Arbeitsplatz?
- mit 30 Jahren – Weiterbildung im Beruf? …

AUFGABE 1. Unternehmen Sie Ihre eigene Phantasiereise in die Zukunft. Notieren Sie in Stichpunkten Meilensteine Ihres Lebens.

Wie soll die eigene Zukunft aussehen? Die Meisten wünschen sich für ihr Leben:

- Gesundheit, Frieden, Sicherheit,
- persönliches Glück,
- regelmäßiges **Einkommen**,
- Zeit für sich, Zeit für Freunde,
- sich etwas leisten können …

Diese Wünsche erfüllen sich nicht von allein. Arbeit spielt dabei eine herausragende Rolle. Arbeit ist das halbe Leben, sagt ein Sprichwort.

Wer sein Leben selbstbestimmt leben will, muss sich gründliche Gedanken über Arbeit und Beruf in der Zukunft machen.

Die Weichen für die Zukunft werden in der Gegenwart gestellt – also jetzt.

AUFGABE 2. Bilden Sie zusammengesetzte Substantive mit dem Wort Arbeit, z. B. Arbeitswut oder Schichtarbeit.

Leben und arbeiten

2 Grundbedürfnisse befriedigen

> **AUFGABE**
>
> **3.** a) Notieren Sie Vorstellungen von der Arbeit, die für Sie persönlich wichtig sind?
>
> b) Legen Sie hierfür eine Rangfolge fest.

Warum eigentlich arbeiten?

Wer arbeitet, verdient damit auch Geld. Von diesem Verdienst wollen arbeitende Menschen möglichst sorgenfrei leben können.

Sie wollen mit dem erarbeiteten Einkommen ihre Grundbedürfnisse 2 befriedigen:

- Nahrung,
- Kleidung,
- Wohnung.

In unserer Gesellschaft wollen die Menschen aber noch mehr: Man lebt nicht nur, um zu arbeiten, sondern man arbeitet auch, um zu leben.

Sich etwas leisten zu können, z. B. Freizeitvergnügen, Urlaub, Teilhaben am kulturellen Leben, sich den „kleinen Luxus" zu gönnen, dafür lohnt es sich, zu arbeiten.

Arbeit dient der Sicherung des Lebensunterhaltes.

Vorstellungen von der Arbeit entwickeln

Wie soll die Arbeit sein, die den Großteil des eigenen Lebens prägt? Jede sinnvolle Arbeit fordert den Menschen. Sie gibt ihm Befriedigung, kann ihn aber auch körperlich und geistig belasten. Das hängt davon ab, wie die eigenen Vorstellungen von der Arbeit mit der Wirklichkeit übereinstimmen.

Wer klare Vorstellungen von seiner Arbeit entwickelt, ist meist zufriedener, erfolgreicher und kann leichter mit Rückschlägen fertig werden.

Mögliche Vorstellungen sind z. B.:

- Arbeit, die einem Spaß macht,
- bei der man zeigen kann, was man drauf hat,
- von der man leben und sich etwas leisten kann,
- die nicht kaputt und krank macht,
- mit der man Menschen helfen kann,
- die stolz macht ...

1 Jahresverlauf

> **AUFGABE**
>
> **1.** Auch wer sich in Schule oder Ausbildung befindet, erlebt regelmäßig wiederkehrende Abläufe. Stellen Sie Ihren üblichen Tagesablauf in einem Kreisdiagramm dar.

1.2 Bedeutung der Arbeit

Ordnung im Alltag

Dass etwas für einen Menschen wichtig ist, wird ihm oft erst bewusst, wenn er es verliert. Wenn jemand schwer erkrankt, merkt er, wie wertvoll die Gesundheit ist.

Gleiches gilt auch für die Arbeit. Wer seinen Arbeitsplatz verliert und arbeitslos wird, stellt bald fest, dass ihm etwas fehlt:

- das Einkommen verringert sich,
- der Alltag verändert sich stark.

Zunächst fühlt man sich vielleicht noch eine Zeit lang wie im Urlaub. Bald tritt ein Gefühl der Leere ein: Man wird nicht mehr gebraucht!

Statt täglich – wie gewohnt – zur Arbeit zu gehen und zu festen Zeiten wieder nach Hause zu kommen, fließt der Alltag ohne zeitliche Ordnung an einem vorbei.

Ohne Arbeit gibt es keinen Feierabend, an dem man zufrieden auf das Geleistete zurückblicken kann und sich entspannt, ausruht und erholt.

Der Wechsel zwischen:

- Arbeit und Freizeit,
- Belastung und Entlastung,
- Anstrengung und Erholung

gibt dem Alltag einen bestimmten Rhythmus. Besondere Zeiten werden viel bewusster erlebt, das sind:

- im Jahreslauf, z. B. Feste und Feiertage 1 ,
- in der Arbeitswoche, z. B. das Wochenende,
- am Arbeitstag, z. B. Pausen.

Die Vorfreude auf diese Zeiten ist intensiver. Belastungen durch die Arbeit werden erträglicher.

Arbeit gibt dem Leben der Menschen eine Struktur.

2 Miteinander arbeiten

3 Kooperation beim Mannschaftssport

Kontakte mit Mitmenschen

Wer in einem Betrieb beschäftigt ist, arbeitet mit Kollegen zusammen. Arbeitsaufgaben sind meist in Abschnitte zerlegt, weil z. B. unterschiedliche Arbeitsschritte an jeweils anderen Maschinen erledigt werden. Jeder muss sich in der Kette der Arbeitsschritte auf den anderen verlassen können.

Die Zusammenarbeit im Betrieb funktioniert reibungslos, wenn alle Beteiligten bestimmte Voraussetzungen und Fähigkeiten mitbringen.

Bei vielen Arbeitsvorgängen muss man sich mit anderen abstimmen 2 . Gespräche sind sachlich zu führen, d. h. man muss:

- einander zuhören,
- Argumente prüfen,
- Meinungen austauschen und
- Entscheidungen eigenverantwortlich und gemeinsam treffen.

Dies erfordert **Kommunikationsfähigkeit**.

Manchmal muss auch jemand unterstützt werden, weil er momentan wegen privater Sorgen oder aus gesundheitlichen Gründen nicht so leistungsfähig wie gewohnt ist. Dies fordert die **Solidarität** der Kollegen.

Im Mannschaftssport wird deutlich, was auch im Betrieb nötig ist: Eine Gruppe von vielen Einzelkönnern ist noch lange kein funktionierendes Team. Nur die **Kooperationsbereitschaft** aller sichert den Erfolg 3 . Dabei muss manchmal der Einzelne zugunsten des Teams zurückstecken.

Durch Zusammenarbeit mit Kollegen entstehen auch private Kontakte und Freundschaften. Dies führt auch zu gemeinsamen Unternehmungen in der Freizeit.

AUFGABE

2. „Wer arbeitslos wird, verliert nicht nur den Arbeitsplatz."
Nehmen Sie Stellung zu dieser Aussage.

1 Beispiele für Berufe mit viel Vertrauensvorschuss

AUFGABE
2. Welchen drei Berufsgruppen vertrauen Sie besonders? Begründen Sie Ihre Meinung.

Bedeutung von Arbeit und Beruf in der Gesellschaft

In der Gesellschaft fallen sehr unterschiedliche und vielfältige Arbeiten an. Nicht jeder kann jede Arbeit ausführen. Vielmehr sollte jeder bestrebt sein, solche Arbeiten zu übernehmen, für die er geeignet ist.

Die Menschen bewerten Berufe unterschiedlich. Sie schätzen solche Berufe 1 , die:

- viel Verantwortung erfordern,
- für die Gesellschaft hohen Nutzen bringen,
- dem Einzelnen direkte Hilfestellung geben,
- besondere Fähigkeiten, Wissen und Können erfordern.

Solche Berufe stehen in der Rangliste der am häufigsten gewählten Berufe oft ganz vorn.

AUFGABE
1. Erklären Sie, warum Ansehen und Vertrauen in verschiedenen Berufen unterschiedlich groß sind.

Die gesellschaftliche Anerkennung schlägt sich nicht immer in der Höhe des Arbeitsentgelts nieder. Krankenschwestern z. B. verdienen relativ wenig im Vergleich zur Anerkennung in der Gesellschaft.

> **Meist werden die in der Gesellschaft hoch angesehenen Arbeiten bzw. Berufe besser bezahlt.**

Die Anerkennung und das Ansehen eines Berufs hängen auch vom Erfolg einzelner Betriebe ab. Zuverlässige und solide Arbeit zahlt sich aus. Zufriedene Kunden sind die beste Werbung und kommen gern wieder. Erfolgreiche Handwerksbetriebe profitieren davon.

Eine gute Ausbildung der Beschäftigten eines Betriebes ist der Grundstein für den Erfolg und das Ansehen in der Region.

> **Für Beschäftigte bedeutet eine erfolgreich absolvierte Ausbildung die Grundlage für die eigene berufliche Entwicklung.**

Bedeutung der Arbeit

2 Berufliche Karriereleiter

3 Mit Verbesserungsvorschlägen punkten

Ein Leben lang lernen

Mit dem Ende der Schulzeit bzw. einer abgeschlossenen Ausbildung hört das Lernen nicht auf. Die Arbeitswelt verändert sich mittlerweile so rasch, dass man nur mit lebenslangem Lernen den Anschluss hält.

Damit steigen auch die Einflussmöglichkeiten auf die Planung der eigenen beruflichen Zukunft. Ohne Einsatz und Leistungsbereitschaft gibt es keine berufliche **Karriere**.

> Jeder bestimmt durch seinen Einsatz, welchen beruflichen Weg er einschlagen kann 2 .

Wer mehr Fachwissen und Können besitzt,

- kann vielseitige Arbeiten ausführen,
- ist an unterschiedlichen Arbeitsorten einsetzbar,
- arbeitet abwechslungsreich,
- kann eigenverantwortlich arbeiten und
- bei Veränderungen im Betrieb mitwirken 3 .

Wissen und Verbesserungsvorschläge werden von Kollegen und Vorgesetzten geschätzt. Davon profitiert der Betrieb, denn Arbeitsverbesserungsvorschläge können:

- die Belastungen am Arbeitsplatz für die Mitarbeiter verringern und
- die Produktivität erhöhen.

Die Sicherheit der Arbeitsplätze hängt davon ab, ob der Betrieb **konkurrenzfähig** ist. Das funktioniert nur mit modernen Anlagen und Einrichtungen.

Die Erneuerung der Technik verlangt von den Mitarbeitern Weiterbildung. Nur so können sie mit dieser Technik arbeiten.

AUFGABE

3. Finden Sie für die Karriereleiter 2 je ein konkretes Beispiel aus den Berufsfeldern

a) Metall und
b) Gastgewerbe/Hauswirtschaft.

1 Porträt Henry Ford

2 Ford Modell T

Das „Gold in den Köpfen" seiner Beschäftigten ist für jeden Unternehmer das wichtigste **Kapital**. Er versucht deshalb, sein **Stammpersonal** auch in weniger erfolgreichen Zeiten im Betrieb zu halten. Neueinstellungen und lange Einarbeitungszeiten sind oft erheblich teurer.

Ein hohes Fachwissen und Können der Belegschaft lässt sich der Unternehmer auch etwas kosten. Können hat seinen Preis.

> **Mitarbeiter mit besonderer Qualifikation werden in der Regel höher entlohnt.**

Wer mehr Geld verdient, kann auch mehr ausgeben. Schon Henry Ford 1 hat diesen Zusammenhang erkannt: „Autos kaufen keine Autos!" betonte er.

AUFGABE

1. Erklären Sie Henry Fords Aussage mit eigenen Worten oder an anderen Beispielen.

Haben möglichst viele Menschen einen Arbeitsplatz, lassen sich die hergestellten Produkte bzw. erbrachten Dienstleistungen leichter verkaufen. Menschen mit Arbeitsplatz können mehr kaufen – sie haben eine höhere **Kaufkraft**.

Neuerungen kurbeln die Wirtschaft stärker an. Deshalb legen Unternehmen großen Wert darauf, dass sie sich durch Neuentwicklungen einen **Wettbewerbsvorteil** verschaffen.

Diese Neuerungen sind nur möglich, wenn die Betriebe kluge Köpfe und motivierte Beschäftigte haben. Sie erreichen dies, indem sie ihre Mitarbeiter:

- hochwertig ausbilden,
- an den passenden Arbeitsplätzen einsetzen,
- gezielt fortbilden und
- ihnen Leistungsanreize geben.

> **Von einer guten Aus- und Fortbildung profitieren Arbeitgeber und Arbeitnehmer.**

Bedeutung der Arbeit

Ausbildung ist eine **Investition** in die Zukunft.

Arbeitsplätze, für die man keine Ausbildung braucht, werden immer weniger angeboten.

Ohne Ausbildung ist die Gefahr, den Arbeitsplatz zu verlieren besonders groß.

3 Ausbildung in einer Lehrwerkstatt

Ausbildung lohnt sich

Eine Ausbildung 3 garantiert zwar nicht, dass man im erlernten Beruf immer eine Arbeit findet. Aber mit einer abgeschlossenen Ausbildung gelingt es eher, z. B. in ähnlichen oder verwandten Berufen unterzukommen.

Wer eine Ausbildung abgeschlossen hat, besitzt bessere Chancen zum beruflichen Aufstieg.

Die berufliche Stellung wirkt sich direkt auf die private Situation aus. Mit einer abgeschlossenen Ausbildung erzielt man:

- ein höheres Einkommen,
- ein besseres Ansehen in der Gesellschaft
- und ist leichter in der Lage, sein Leben selbst zu gestalten.

Wer auf diese Art sein Leben selbst in die Hand nehmen kann, wird viel mehr Zufriedenheit empfinden. Das Selbstbewusstsein steigt, der Stolz auf das Geleistete wächst.

Bei einem Arbeitsplatzwechsel erkennen zukünftige Arbeitgeber bei einem Bewerber mit abgeschlossener Ausbildung, dass dieser in der Lage ist:

- sich anzustrengen,
- durchzuhalten,
- zielstrebig zu arbeiten und
- über Wissen und Können verfügt.

**Übrigens:
Lernen ist nie umsonst!**

Wer nur untätig herumhängt, in den Tag hineinlebt und nicht weiß, was er tun soll, der leidet bald unter Langeweile, fühlt sich nutzlos, ausgegrenzt und kommt auf dumme Gedanken.

AUFGABE

2. Führen Sie eine Pro- und Kontra-Diskussion durch zum Thema

„Jobben, sofort arbeiten oder eine Ausbildung abschließen?"

1 Das alles ist Arbeit

1.3 Was heißt Arbeit?

Ziele der Arbeit

Die Arbeit dient dazu, Produkte herzustellen und Dienstleistungen zu erbringen. Diese Produkte und Dienstleistungen werden von den Menschen benötigt, um ihre Bedürfnisse zu befriedigen.

Für die geleistete Arbeit gibt es als Gegenleistung Geld – das Arbeitsentgelt (von: entgelten). Damit können wiederum Produkte und Dienstleistungen gekauft werden.

Bei der Arbeit geht man mit anderen Menschen je nach deren individuellen Fähigkeiten gemeinsam vor.

- **Arbeit ist die planvolle, bewusste, zielgerichtete Tätigkeit des Menschen.**

Bei der Arbeit werden Werkzeuge verwendet, um sich die Arbeit zu erleichtern.

Arten von Arbeit

Wenn von Arbeit ① gesprochen wird, ist in erster Linie die Erwerbsarbeit gemeint. Das ist die Arbeit, mit der man Geld verdient, sodass man seinen Lebensunterhalt bestreiten kann. Normalerweise wird für Erwerbsarbeit ① eine berufliche Ausbildung benötigt.

Der größte Teil der Arbeit, die in der Gesellschaft geleistet wird, ist Nichterwerbsarbeit. Für diese Arbeit wird kein Entgelt bezahlt. Im Haushalt fallen viele solche Arbeiten an. Bei der Hausarbeit wird produziert und es werden Dienste geleistet ②.

Neben dem Kochen, Reinigen, Reparieren usw. fallen Arbeiten im zwischenmenschlichen Bereich an. Das sind die Beziehungsarbeit und die Pflegearbeit.

Viele Menschen engagieren sich in Vereinen oder Organisationen. Sie leisten ehrenamtliche Arbeit ③. Ohne sie wären viele gesellschaftliche Aufgaben nicht zu bewältigen.

2 Erfindungen zur Erleichterung der Arbeit

3 Arbeit verändert sich

Mensch, Technik und Arbeit

Der Überlebenskampf des Menschen fordert ihn stets heraus. Er muss Aufgaben bewältigen, die ihm durch seine Umwelt gestellt werden. Um sein Leben leichter zu gestalten, erfand und entwickelte der Mensch:

- Werkzeuge, z. B. Faustkeil ①, Axt, Speerspitzen,
- Hilfsmittel, z. B. Drillbohrer ② zum Feuermachen,
- Schutzvorrichtungen, z. B. Höhlen ③, Pfahlbauten,
- Transportmittel, z. B. Einbaum, Rad, Wagen ④ 2.

So entstanden Urberufe, z. B. Jäger, Landwirt, Schmied und Zimmerer, die von Menschen mit bestimmten Fähigkeiten ausgeübt wurden.

Dadurch entwickelte sich die berufliche **Arbeitsteilung**. Die Menschen teilten sich die Arbeit auf. Nicht jeder muss alles können.

Je nach Arbeitstätigkeit, Arbeitsmaterial, Arbeitsort oder Werkzeugeinsatz spalteten sich die Urberufe weiter auf. Aus dem Schmied wurde z. B.:

- Hufschmied,
- Kesselschmied,
- Kupferschmied.

Die technische Entwicklung veränderte die Arbeitstätigkeit und die Arbeitsbelastung. Neue Berufe entstanden, alte verloren an Bedeutung.

> **AUFGABE**
>
> **1.** a) Recherchieren Sie, welche Aufgaben und Tätigkeiten mit dem Beruf des Setzers verbunden waren. b) Warum gibt es diesen Beruf nicht mehr?
>
> **2.** In 3 sind herausragende Stationen der technischen Entwicklung dargestellt. Benennen Sie diese und erklären Sie ihre Bedeutung.

1 Moderne Zeiten mit Charlie Chaplin

Wandel der Arbeit

Die **Technik** hat die Arbeit verändert. Vieles ist für die Menschen heute leichter. Früher waren die Belastungen groß. Staub, Lärm, Hitze oder giftige Dämpfe schadeten der Gesundheit. Auch lange Arbeitszeiten führten zum Raubbau an den Kräften der Arbeitnehmer.

In langen Arbeitskämpfen erreichten **Arbeitervereine** und **Gewerkschaften** bessere Arbeitsbedingungen und ein höheres Entgelt.

Heute produzieren Unternehmen zunehmend überall in der Welt – vor allem da, wo es billiger geht – in **Niedriglohnländern**. Moderne, schnelle Transport- und Kommunikationsmittel machen es möglich.

> **Dieser Prozess ist Teil der Globalisierung.**

Globalisierung kann zu höheren Arbeitslosenzahlen führen. Arbeitssuchende nehmen dann auch schlechter bezahlte Arbeit an.

> **AUFGABE**
>
> **1.** Betrachten Sie 1 genau.
> a) Wie fühlt sich der „Mensch im Getriebe"?
> b) Wodurch wird hier das Arbeitstempo bestimmt?
> c) Welche Anforderungen werden an diesem Arbeitsplatz an den Menschen gestellt?
>
> **2.** Nennen Sie alle Erdteile (Kontinente) und jeweils drei dazugehörende Länder.

Die Globalisierung hat auch Vorteile:

- Für die Verbraucher sind nahezu alle weltweit hergestellten Produkte hierzulande verfügbar.
- Die Preise für diese Produkte sind meist nicht hoch.
- Deutsche Unternehmen verkaufen ihre Produkte erfolgreich im Ausland und sichern damit auch heimische Arbeitsplätze.

2 Landwirtschaft

3 Produzierendes Gewerbe

4 Dienstleistungsbereich

Der zunehmende Einsatz der Technik und die Globalisierung haben auch Einfluss auf die einzelnen Bereiche der Wirtschaft – die **Wirtschaftssektoren**:

- Landwirtschaft 2,
- produzierenden Gewerbe 3,
- Dienstleistungsbereich 4.

Durch den Einsatz von Maschinen und Anlagen konnten die Erträge in der Landwirtschaft zunehmend gesteigert werden – und dies mit immer weniger Personal.

Genauso ergeht es zurzeit dem produzierenden Gewerbe. Immer bessere Technik führt dazu, dass kaum noch Arbeitsplätze für einfache Arbeitstätigkeiten benötigt und angeboten werden.

Wer also im Handwerk oder der Industrie einen Ausbildungsplatz oder einen Arbeitsplatz anstrebt, der muss bereit sein, das nötige Wissen und Können eines heutigen Facharbeiters zu erwerben.

> **AUFGABE**
>
> **3.** a) Ordnen Sie in einer Tabelle jedem Wirtschaftssektor Ihnen bekannte Ausbildungsberufe zu.
>
> b) Unterstreichen Sie diejenigen, die für Sie persönlich in Frage kommen.

Der Dienstleistungsbereich bietet heute die vielfältigsten Beschäftigungsmöglichkeiten. Wer sich in der Phase der Berufswahl befindet, sollte sich dieser Tatsachen bewusst sein.

Die Wahrscheinlichkeit, eine Ausbildung im Dienstleistungsbereich beginnen zu können, ist deutlich höher als in den anderen Wirtschaftssektoren.

Es lohnt sich, Informationen auch über weniger bekannte Berufe einzuholen.

Hilfen kann die Berufsberatung der Agentur für Arbeit geben.

ZUSAMMENFASSUNG

Arbeit ist das halbe Leben

Warum arbeiten?

Leben und arbeiten

- Grundbedürfnisse befriedigen: Nahrung, Kleidung, Wohnung
- sich etwas leisten können: Freizeit, Urlaub, Unterhaltung, Mode

Bedeutung der Arbeit

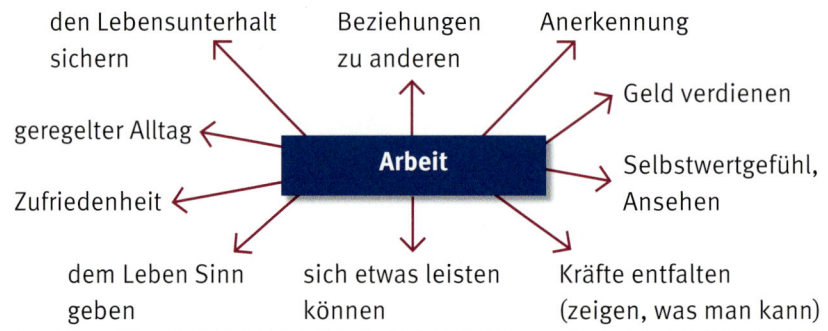

- den Lebensunterhalt sichern
- Beziehungen zu anderen
- Anerkennung
- Geld verdienen
- geregelter Alltag
- **Arbeit**
- Selbstwertgefühl, Ansehen
- Zufriedenheit
- dem Leben Sinn geben
- sich etwas leisten können
- Kräfte entfalten (zeigen, was man kann)

Arbeit ist nicht gleich Arbeit

- Erwerbsarbeit: gegen Entgelt
- Nichterwerbsarbeit: Hausarbeit, Beziehungsarbeit, Ehrenamt
- Wandel durch Technik
- Globalisierung
- Wandel innerhalb der Wirtschaftsbereiche

Arbeit hat viele Gesichter 2

2.1 Arbeit fordert

Fähigkeiten flexibel nutzen!

2.2 Arbeit belastet

Im Schweiße des Angesichts ...

2.3 Arbeit fördert

Stolz auf die eigene Leistung sein!

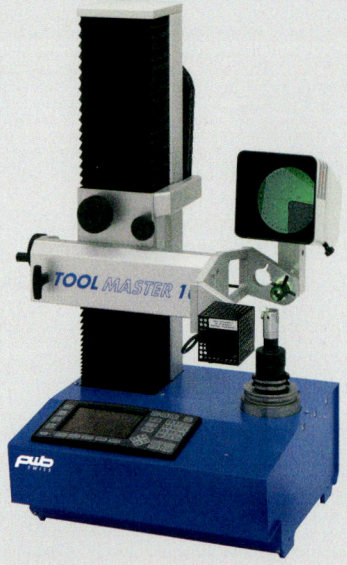 

1 Rund um die Uhr im Einsatz   2 Automaten müssen gesteuert werden

2.1 Arbeit fordert

Urlaub ist klasse! Aber ist es erstrebenswert, immer nur Urlaub zu haben? Das mag eine Zeit lang angenehm und verlockend sein. Aber irgendwann stellt sich bestimmt Langeweile ein.

Der Mensch möchte von Natur aus arbeiten – ja vielleicht muss er dies sogar.

Dabei ist Arbeit einerseits anstrengend und mit Mühen verbunden. Sie kann auch als Belastung empfunden werden, kann krank machen oder Unfallgefahren bergen. Arbeit ist also nicht automatisch angenehm.

Andererseits fördert Arbeit den Menschen in seiner Persönlichkeit. Erfolgreich geleistete Aufgaben

- machen zufrieden und stolz,
- sorgen für Anerkennung durch andere,
- steigern das Selbstwertgefühl.

Maschinen müssen laufen

Für die Produktion setzen moderne Industriebetriebe teuere Maschinen und Anlagen ein.

Ihre Anschaffung lohnt sich nur, wenn sie „rund um die Uhr" laufen. Eine still stehende Maschine verursacht zusätzliche **Kosten**. Schließlich produziert sie nichts.

Der 24-Stunden-Tag der Maschine 1 kann nicht einfach auf den Menschen übertragen werden. Dennoch müssen sich Arbeitnehmer dem „**Rhythmus**" der Maschine anpassen 2 .

> **AUFGABE**
>
> **1.** Nennen Sie Ihnen bekannte Unternehmen in Deutschland, in denen Maschinen durchgehend 24 Stunden eingesetzt werden.
>
> **2.** Suchen Sie die Standorte dieser Unternehmen auf einer Deutschlandkarte und bestimmen Sie das dazugehörige Bundesland.

3 Schichtwechsel in einem Industriebetrieb

AUFGABE

3. Stellen Sie in einer Tabelle die Vor- und Nachteile von Schichtarbeit für Arbeitnehmer gegenüber.

4. Nehmen Sie für sich selbst Stellung zur Schichtarbeit.

5. Beurteilen Sie Schichtarbeit aus der Sicht
a) eines Singles und
b) eines Arbeitnehmers mit Familie.

Schichtarbeit

Viele Industriebetriebe organisieren die Arbeit im Drei-Schicht-System 3 z. B. mit je acht Stunden Arbeitszeit:

- Frühschicht (z. B. von 6:00–14:00 Uhr),
- Spätschicht (z. B. von 14:00–22:00 Uhr),
- Nachtschicht (z. B. von 22:00–6:00 Uhr).

Üblicherweise werden auch Teile des Wochenendes mit eingebunden, meist bis Samstagnacht. Der Sonntag wird für die Wartung und die Reinigung der Anlagen genutzt.

Schichtarbeiter wechseln in der Regel jede Woche die zeitliche Lage ihrer Arbeitszeit. Dadurch haben sie Freizeit, während andere arbeiten und umgekehrt.

Manchen Menschen fällt diese Umstellung leicht. Andere haben Anpassungsprobleme. Die innere Uhr lässt sich nicht auf Knopfdruck umstellen. Es kann z. B. zu Schlafstörungen kommen.

Besonders die Nachtschicht widerspricht dem natürlichen **Wach-Schlaf-Rhythmus** des Menschen. Deshalb erhalten Beschäftigten für die Nachtschichten gesonderte Zulagen. Diese nehmen das als Anreiz, weil sie dadurch mehr Geld verdienen können.

Schichtarbeit wird zunehmend auch in anderen Wirtschaftsbereichen genutzt, z. B.:

- im Transport- und Verkehrswesen,
- im Postdienst,
- im Handel,
- im Pflegebereich (z. B. Krankenhaus) und
- bei Polizei und Wachdiensten ...

Nach dem Jugendarbeitsschutzgesetz ist Nachtarbeit für Jugendliche unter 18 Jahren verboten.

AUFGABE

6. Nennen Sie Gründe dafür, dass Nachtarbeit für Jugendliche gesetzlich verboten ist.

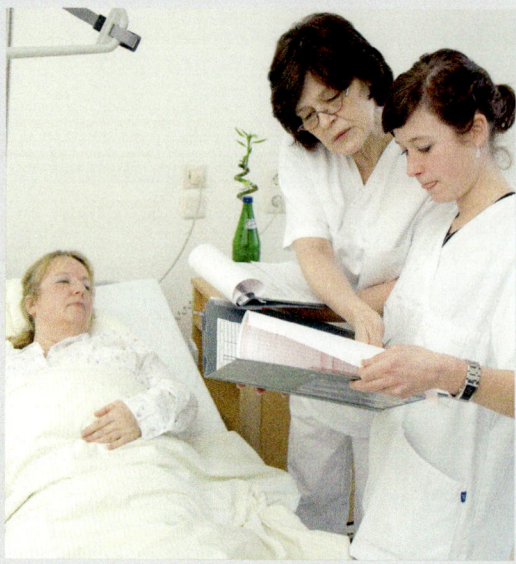
1 Wochenendarbeit im Krankenhaus

2 Zeiterfassungssystem

Sonntags- und Wochenendarbeit

In einigen gesellschaftlich notwendigen Bereichen muss auch an Wochenenden und an Feiertagen gearbeitet werden, z. B. in:

- Dienstleistungen für die Gesundheitsfürsorge 1 ,
- Bereichen für die öffentliche Sicherheit,
- Gaststätten, Hotels und Restaurants und
- Freizeiteinrichtungen und Kulturstätten.

AUFGABE

1. a) Nennen Sie für jeden im Text genannten Bereich je zwei Berufe als Beispiel für Sonntags- oder Wochenendarbeit.
b) Begründen Sie die Notwendigkeit der Arbeit am Wochenende und an Feiertagen für jeden Bereich.

2. Nennen Sie mindestens drei gesetzliche Feiertage, die in ganz Deutschland gelten.

Arbeitszeit je nach Arbeitsaufkommen

In weiten Teilen des Dienstleistungsbereichs gibt es besondere Arbeitszeitmodelle. Dauer und Lage der Arbeitszeit sind nicht an jedem Tag gleich. Die Arbeitszeit gliedert sich in

- eine Kernarbeitszeit, in der die Beschäftigten anwesend sein müssen,
- und die Gleitzeit, die sie ihren Bedürfnissen gemäß gestalten können.

Arbeitsbeginn und -ende werden durch Zeiterfassungssysteme 2 registriert. Ist mehr zu tun, muss der Arbeitnehmer entsprechend länger im Betrieb arbeiten. Insgesamt muss die vereinbarte Wochen- oder Monatsarbeitszeit erreicht werden.

AUFGABE

3. a) Welche Vorteile hat die Gleitzeit für den Arbeitnehmer?
b) Warum benötigt der Betrieb eine Kernzeit?

3 Vor Sportgroßereignissen steigt die Nachfrage

4 Erntehelfer bei der Spargelernte

Auch im produzierenden Gewerbe und in der Landwirtschaft sind flexible Arbeitszeiten heute die Regel. Sie richten sich nach:

- der Auftragslage,
- der Nachfrage nach bestimmten Produkten 3 ,
- oder der Saison 4 .

Für die Beschäftigten wird ein Arbeitszeitkonto pro Kalenderjahr geführt. Die angefallenen Überstunden werden mit Zeiten verrechnet, in denen kürzer gearbeitet werden muss.

AUFGABE

4. Nennen Sie Beispiele für
a) unterschiedliche Auftragslagen,
b) Zeiten erhöhter Nachfrage,
c) Saisonarbeit.
Orientieren Sie sich an den Bildern.

5. Ein Arbeitszeitkonto bringt für die Beschäftigten Vor- und Nachteile. Stellen Sie diese in einer Tabelle übersichtlich dar.

Flexibilität der Arbeitszeit

Die unterschiedlichen Modelle der Arbeitszeit verlangen von den Arbeitnehmern Flexibilität. Was heißt das?

Von den Beschäftigten wird verlangt, sich zeitlich umzustellen. Sie müssen sich den gegebenen Bedingungen und Anforderungen, wann und wie lange gearbeitet wird, anpassen.

Flexibilität bedeutet Anpassungsfähigkeit an sich verändernde Bedingungen.

Flexibilität (aus dem Lateinischen: biegen, beugen)
bedeutet im allgemeinen Sprachgebrauch:
- die Eigenschaft biegsamer (flexibler) Materialien,
- die Anpassungsfähigkeit des Menschen an wechselnde Situationen.

1 Geringfügig Beschäftigter im Einzelhandel

2 Arbeit auf Abruf

Flexible Arbeitsorte und -aufgaben

Mitarbeiter müssen heute bereit sein, innerhalb eines Unternehmens an verschiedenen Standorten zu arbeiten.

Auch innerhalb eines Betriebes müssen sie an unterschiedlichen Arbeitsplätzen jeweils andere Arbeitsaufgaben bewältigen können. Von Arbeitnehmer wird deshalb erwartet, für neue Arbeitsaufgaben hinzuzulernen.

> **Die Flexibilität der Arbeitsorte und Arbeitsaufgaben erfordert Mobilität und Lernbereitschaft.**

AUFGABE

1. „Der Mensch ist ein Gewohnheitstier." lautet ein Sprichwort. Sich immer neu umzustellen, fällt nicht jedem leicht.

Wie schätzen Sie sich selbst ein bezüglich der genannten Fähigkeiten?

Nachteile der Flexibilisierung

Die Flexibilisierung der Arbeitszeit hat besonders im Einzelhandel dazu geführt, dass Arbeitsplätze zerlegt wurden in **Teilzeitarbeitsplätze** für geringfügig Beschäftigte 1 .

Sucht eine ausgebildete Einzelhandelskauffrau z. B. einen Vollzeitarbeitsplatz, werden ihr oft nur Teilzeitarbeitsplätze angeboten. Für diese Arbeitsplätze kommen meist nur Angelernte zum Zug. Dies rechnet sich für den Betrieb, weil die Lohnkosten niedriger sind.

Problematisch ist die Arbeit auf Abruf 2 . Dabei müssen Arbeitnehmer in Bereitschaft warten und stets verfügbar sein, bis Arbeit für sie anfällt. Eine selbstbestimmte Planung des Tagesablaufs ist somit kaum möglich.

AUFGABE

2. Recherchieren Sie, für welche Tätigkeiten in Ihrer Region Arbeit auf Abruf üblich ist.

3 Was Betriebe von angehenden Azubis erwarten

Sich den Arbeitsanforderungen stellen

Arbeitsaufgaben, Arbeitszeiten und Arbeitsplätze haben sich in den letzten Jahrzehnten stark verändert. Verantwortlich dafür sind:

- neue Techniken, Werkstoffe und Materialien,
- die 24-Stunden-Fertigung,
- weltweite Handelspartner,
- hohe Qualitätsanforderungen,
- die rasche Weiterentwicklung der Produkte,
- die Stärkung des Umweltschutzes,
- die Notwendigkeit der Energieeinsparung ...

Diese Veränderungen wirken sich direkt auf die Anforderungen an die Beschäftigten aus. Wissen und Können sind selbstverständlich notwendig. Sie reichen für die Anforderungen der heutigen Arbeitswelt aber nicht aus 3.

Wenn jemand nicht pünktlich, zuverlässig, verantwortungsbewusst, leistungs- und lernbereit ist, wird er kaum auf Dauer einen Ausbildungs- oder Arbeitsplatz haben.

AUFGABE

3. Warum erwarten die Arbeitgeber von ihrem Nachwuchs hauptsächlich Interesse am Beruf 3 ?

Auch soziale **Kompetenzen** gewinnen zunehmend an Bedeutung. Arbeitnehmer müssen

- miteinander Arbeitsaufgaben planen, durchführen und kontrollieren → Teamfähigkeit,
- mit anderen zusammenarbeiten, sich gegenseitig unterstützen → Kooperationsfähigkeit,
- auftretende Konflikte mit Argumenten friedlich lösen → Konfliktbewältigung,
- mit Vorgesetzten und Kollegen zielgerichtet Informationen austauschen → Kommunikationsfähigkeit.

Neben dem Wissen und Können verlangen Unternehmen heute auch **Schlüsselqualifikationen**.

1 Mögliche Einflüsse am Arbeitsplatz

2.2 Arbeit belastet

Mit Belastungen zurecht kommen

Die Arbeitsanforderungen werden durch Einflüsse 1 direkt am Arbeitsplatz mitbestimmt:

- Umgebungsbedingungen, z. B. Lärm, Hitze,
- Zeitvorgaben, z. B. Schicht, Akkord,
- Technikeinsatz, z. B. Programmierung,
- Formen der Zusammenarbeit, z. B. Team.

Die sich daraus ergebenden Belastungen werden nicht von jedem gleich empfunden. An manchen Tagen geht die Arbeit leicht von der Hand. Und manchmal will trotz guter Voraussetzungen nichts klappen.

AUFGABE
1. Beschreiben Sie Situationen, in denen Sie eine Arbeitsaufgabe problemlos bzw. nur mit Mühe bewältigen konnten.

Welche Ursachen gibt es für diese Unterschiede? Sie ergeben sich aus der unterschiedlichen „Tagesform" jedes Einzelnen. Diese wird z. B. geprägt durch:

- private Ereignisse,
- den Umgang mit Kollegen,
- Wohlbefinden oder Unbehagen.

Belastungen am Arbeitsplatz werden nicht immer gleich empfunden und beanspruchen die Arbeitnehmer unterschiedlich.

Belastungen durch die Einflüsse am Arbeitsplatz müssen bewältigt werden. Wem dies gut gelingt, der empfindet weniger starke Beanspruchung.

Stimmt der Grad der Beanspruchung ist die Zufriedenheit mit der Arbeit größer.

Arbeit belastet

2 Körperliche Belastung

3 Körperliche Entlastung durch Schutzmaßnahmen

Arbeitsbelastungen verringern

Es gibt Belastungen am Arbeitsplatz, die nur schwerlich zu verändern sind. Durch geeignete **Arbeitsschutzmaßnahmen** wird eine Gefährdung der Gesundheit des Arbeitnehmers aber verringert (Tab. 1).

AUFGABE

2. Ergänzen Sie die Tab. 1 um zwei weitere Beispiele aus Ihrem Erfahrungsbereich.

3. Nennen Sie auch Ihnen bekannte weitere Schutzmaßnahmen.

Tab. 1: Beispiele für Arbeitsbelastungen

	Hitze	Lärm	Staub	Lasten	Unfallgefahr
Arbeitsplatz/Arbeitsaufgabe	Straßenbauer freies Baugelände: Teerkolonne im Hochsommer 2	Zerspaner Maschinenhalle: Pressen, Stanzen, Fräsen, Drehen	Tischler Werkstatt: Sägen, Schleifen, Bohren, Fräsen, Lackieren	Maurer Baustelle: Baumaterial transportieren, Baugrube ausheben	Koch Küche: Maschinen mit der Gefahr, sich zu schneiden, zu verbrennen
Schutzmaßnahme	Sicherheitsschuhe, Kopfbedeckung, schweißabsorbierende Kleidung 3, Flüssigkeitsausgleich	Lärmquelle zur Schalldämmung ummanteln, Gehörschutz tragen	Absaugvorrichtungen, Gebläse, Mundschutz	Kräne und Bagger einsetzen, Flaschenzug, auf die richtige Körperhaltung achten	Sicherheitssperren, Zweihandbedienung, Lichtschranken, Schutzkleidung

1 Stress

2 Yoga zum Stressabbau

Belastungen persönlich bewältigen

Jeder Einzelne kann Einfluss darauf nehmen, wie sehr ihn Belastungen am Arbeitsplatz körperlich und psychisch beanspruchen und wie er mit **Stress** umgeht 1 .

Gerade körperliche Anstrengungen im Beruf erfordern einen Ausgleich in der Freizeit. Es eignen sich sportliche Aktivitäten, z. B.:

- Jogging, Walking, Wandern,
- Radfahren,
- Schwimmen …

Die Ausgleichssportart sollte möglichst den eigenen Vorlieben entsprechen. Leichter fällt die sportliche Betätigung in einer Gruppe oder einem Verein.

Viele sportliche Aktivitäten wirken sich auch positiv auf das psychische Wohlbefinden aus, z. B. Tanzen. Es ist körperlich anstrengend, sorgt aber auch für Entspannung und gute Laune. Empfehlenswert sind außerdem, z. B.:

- Entspannungstraining,
- Yoga 2 ,
- bewusste Ruhephasen,
- Musik hören (und selbst machen),
- Hobby zum Ausgleich …

> **Ausgeglichene Menschen sind meist selbstsicherer und können mit Belastungen gelassen umgehen.**

Manche Belastungen sind nur mit fremder Hilfe und Unterstützung zu bewältigen, z. B. **Mobbing** am Arbeitsplatz.

AUFGABE 1. Welche Sportart führen Sie in Ihrer Freizeit aus? Begründen Sie Ihre Entscheidung für diese Sportart.

AUFGABE 2. Welche Entspannungsmaßnahmen passen zu Ihnen persönlich? Begründen Sie Ihre Antwort.

Arbeit belastet

3 Beruflicher Ausgleich bei der freiwilligen Feuerwehr

4 Für diese Arbeit gibt es eine Schmutzzulage

Belastungen gemeinsam bewältigen

Viele Menschen engagieren sich in Vereinen oder Organisationen 3 . Dazu zählen auch politische Parteien und Gewerkschaften. Hier kann man Erfahrungen austauschen über Anforderungen und Belastungen am Arbeitsplatz.

Durch die Mitarbeit in Vereinen und Organisationen gewinnt man Freunde, pflegt regelmäßig Kontakte zu Gleichgesinnten und übernimmt gleichzeitig wichtige gesellschaftliche und soziale Aufgaben. Miteinander für ein Ziel arbeiten fördert die **Solidarität**.

> **Solidarität am Arbeitsplatz heißt, Probleme gemeinsam lösen und Arbeitsbelastungen verringern.**

Der Ansprechpartner bei Problemen am Arbeitsplatz ist in vielen Betrieben der Betriebsrat. Er tritt für die Interessen der Arbeitnehmer ein und verhandelt mit der Unternehmensleitung. So trägt er zum Erhalt des **Betriebsfriedens** bei.

Anreize für Arbeitsbelastungen

Damit Arbeitnehmer Arbeitsplätze mit belastenden Arbeitsaufgaben einnehmen, werden ihnen meist Zuschläge angeboten, z. B.:

- Schmutzzulage 4 ,
- Akkordzulage,
- Feiertagszulage ...

Der Anreiz des höheren Einkommens ist erlaubt. Die zusätzlichen Belastungen können aber die Gesundheit gefährden.

Jeder Mensch geht anders mit Belastungen um. Er muss sich deshalb ehrlich fragen:

- „Macht es mir etwas aus, so zu arbeiten?"
- „Welcher Druck entsteht für das Team?"
- „Welche Auswirkungen hat es auf die Familie und den Freundeskreis?"

> **Fehlende oder falsche Selbsteinschätzung kann zu Selbstausbeutung führen – oder zur Ausbeutung der Kollegen.**

1 Sisyphosarbeit

> **Sisyphos** ist ein Held der griechischen Sagen. Die Strafe der griechischen Götter für einen Verrat am Göttervater Zeus bestand darin, einen Felsblock einen steilen Hang hinauf zu rollen. Kurz bevor er das Ende des Hangs erreichte, entglitt ihm der Stein, und er musste wieder von vorn anfangen.
>
> Heute nennt man deshalb Aufgaben, die trotz großer Mühen so gut wie nie erledigt sein werden, Sisyphosarbeit 1 .

2.3 Arbeit fördert

Sinnvolle humane Arbeit

Arbeit gibt dem Leben einen Sinn, denn sie

- schafft Struktur und Ordnung im Alltag,
- ermöglicht soziale Kontakte und
- trägt zur Persönlichkeitsentwicklung bei.

Nicht jede Betätigung ist sinnvoll und zufrieden stellend. Arbeit fördert, wenn

- **humane** Arbeitsbedingungen herrschen,
- Arbeitsaufgaben abwechslungsreich sind
- und persönlich herausfordern.

Besonders in den 70er-Jahren des letzten Jahrhunderts wurde die Humanisierung der Arbeitswelt vorangetrieben.

> **Humanisierung der Arbeitswelt heißt, Arbeit und Arbeitsbedingungen dem Menschen anzupassen und nicht umgekehrt.**

Einseitige, hohe körperliche Belastungen und die Gesundheit beeinträchtigende Bedingungen wurden weitgehend beseitigt.

Die Menschen können an ihrem Arbeitsplatz wieder Aufgaben ausführen, bei denen Kopf- und Handarbeit gleichermaßen gefordert sind:

- Planung, Ausführung und Kontrolle sind wieder gemeinsam in einer Hand,
- Wartung und Überwachung von Maschinen erfordern höhere Verantwortung,
- Zusammenarbeit im Team statt **Arbeitszerlegung** in eintönige Teilschritte machen die Arbeit abwechslungsreicher,
- Arbeitsplatzwechsel und Erweiterung der Arbeitsaufgaben führen zu größerer Arbeitszufriedenheit.

Dies sind Kennzeichen von sinnvoller ganzheitlicher humaner Arbeit.

> **Humane Arbeit bedeutet mehr Verantwortung, Abwechslung und Zufriedenheit.**

2 Stolz auf die Arbeitsleistung

3 Arbeitszufriedenheit

Arbeit und persönliche Entfaltung

Was macht das Kind eines Milliardärs? Muss es zur Schule gehen? Muss es einen Beruf erlernen? Wofür soll es sich diese Mühe machen? Es ist ja von Geburt an reich und muss sich nicht ums Geldverdienen kümmern. Warum geht es trotzdem zur Schule und erlernt einen Beruf? Den ganzen Tag nur spielen und „rumhängen" ist nämlich auf die Dauer langweilig.

Jeder Mensch ist von Natur aus neugierig und möchte etwas lernen. Er will gelobt werden, wenn er etwas gut gemacht hat und ist darauf stolz 2 . Dieses Lob spornt an, sich mit weiteren Herausforderungen zu beschäftigen. Dabei werden die persönlichen Fähigkeiten gefördert und weiter entwickelt.

Bei manchen Aufgaben ist man wenig erfolgreich. Dafür gibt es kein Lob. Man wird solche Aufgaben künftig eher meiden. Misserfolgserlebnisse können also die Weiterentwicklung bestimmter Fähigkeiten hemmen.

Durch Lernen und Arbeiten entwickelt sich ein ganz persönliches Leistungsvermögen. Gezieltes Üben kann

- persönliche Stärken weiter verbessern und
- Schwächen ausgleichen oder verringern.

Eine gute Arbeitsleistung schafft Zufriedenheit 3 . Wer aufhört, sich den immer wieder neuen Herausforderungen zu stellen, wird privat, beruflich und gesellschaftlich abgehängt.

Die Entwicklung der eigenen Persönlichkeit ist ein lebenslanger Prozess.

AUFGABE

1. Wer seine Gesellenprüfung erfolgreich ablegt, hat „ausgelernt". Wieso stimmt dies nicht?

2. „Lernen ist wie Rudern gegen den Strom. Sobald man aufhört, treibt man zurück."
Erklären Sie die Bedeutung des Sprichwortes.

1 Betriebssportgruppe Kegeln

2 Freizeit mit der Familie

Arbeit wirkt auf alle Lebensbereiche

Ein Beispiel: Jemand hat einen körperlich sehr anstrengenden Arbeitsplatz. Am Ende des Arbeitstages ist er deshalb stark erschöpft. Dieser Arbeitnehmer wird kaum die Energie für eine aktive Freizeitgestaltung, z. B. in Vereinen oder Organisationen aufbringen. Er benötigt seine Freizeit hauptsächlich zur körperlichen Erholung.

Was und wie jemand arbeitet, wirkt sich direkt auf alle anderen Lebensbereiche aus.
Wer seine Arbeit als sinnvoll erlebt, wird eher einer sinnvollen Freizeitbetätigung nachgehen.

Wer durch seine Arbeit Erfolg erlebt, fühlt sich ausgeglichen, zufrieden und stolz. Dies wirkt sich positiv auf sein persönliches Umfeld aus.

Ähnliche Interessen, die durch sinnvolle Arbeit geweckt werden, wirken sich auch auf die sozialen Kontakte aus: gemeinsame Hobbys, Urlaubsunternehmungen, Sportaktivitäten, z. B. Betriebssportgruppen 1 .

AUFGABE

1. Diskutieren Sie, warum Unternehmensleitungen Betriebssportgruppen fördern.

2. Freizeit dient der Wiederherstellung der Arbeitskraft. Welche Freizeitaktivitäten sind hierfür geeignet, welche nicht? Stellen Sie beide Formen in einer Tabelle einander gegenüber.

Wer erlebt, dass der regelmäßige Arbeitsalltag Ordnung ins Leben bringt, der entwickelt eine positive Grundhaltung gegenüber Arbeit.

Wer Arbeitstugenden, wie Pünktlichkeit, Zuverlässigkeit und Ausdauer gelernt hat, verinnerlicht sie auch in den anderen Lebensbereichen. Der Umgang mit den Familienmitgliedern wird davon geprägt.

Sportliche oder kulturelle Aktivitäten in der Freizeit wirken ausgleichend auf Belastungen am Arbeitsplatz 2 .

Tab. 1: Schritte auf dem Weg in die Ausbildung

Ausbildungs-reife	Ein Jugendlicher ist ausbildungsreif, wenn er allgemeine Merkmale der Bildungs- und Arbeitsfähigkeit erfüllt. Das sind z. B.: • grundlegende schulische Kenntnisse und Fertigkeiten (Lesen, Schreiben, Rechnen, Reden, Beurteilen), • physische und psychische Belastbarkeit (allgemeine Arbeitsfähigkeit, Bereitschaft zur Anstrengung und zum Lernen, Arbeitstugenden), • Bewältigung eines 8-Stunden-Tages (Ausdauer und Durchhaltevermögen), • lebenspraktische Kompetenzen (z. B. Umgangsformen).
Berufs-eignung	Für die Berufseignung spielen berufsbezogene Fähigkeiten und Fertigkeiten eine Rolle. Wer z. B. nicht schwindelfrei ist, kann nicht Dachdecker werden.
Vermittel-barkeit	Ob jemand in eine Ausbildungsstelle vermittelt wird, hängt letztlich ab von • dem persönlichen Erscheinungsbild, • dem regionalen Ausbildungsstellenmarkt, • den speziellen betrieblichen Anforderungen.

Persönliche Schlussfolgerungen

Jeder möchte durch seinen beruflichen Arbeitsplatz die gezeigten fördernden Wirkungen erfahren.

Voraussetzung dafür ist, eine sinnvolle Arbeit auszuüben. Um dieses Ziel zu erreichen, sind persönliche Anstrengungen notwendig.

Viele Betriebe beklagen, dass die Bewerber um die Ausbildungsplätze vielfach Schwachpunkte 3 haben und ihnen die notwendige Ausbildungsreife fehlt.

Auf dem Weg zum Ausbildungsplatz stellt diese Ausbildungsreife den ersten Schritt dar. Sie bildet die Voraussetzung für:

- die Berufseignung und
- die Vermittelbarkeit (Tab. 1).

Persönliche Anstrengungen lohnen sich, weil die Chancen auf eine sinnvolle Arbeit größer sind.

3 Wo Schulabgänger Schwachpunkte haben

AUFGABE

3. Schätzen Sie Ihre persönlichen Stärken und Schwächen zu den im Schaubild 3 von den Betrieben beklagten Mängeln ein.

ZUSAMMENFASSUNG

Arbeit hat viele Gesichter

Was bewirkt Arbeit?

Arbeit fordert

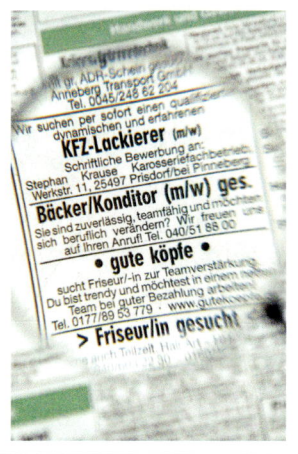

Erwerbsarbeit fordert vom Arbeitnehmer:
- Flexibilität und Mobilität: Arbeitszeit, Arbeitsdauer, Arbeitsort, Arbeitsaufgaben Umstellungsbereitschaft, Weiterbildung
- Schlüsselqualifikationen: Teamfähigkeit, Verantwortungsbereitschaft, Zuverlässigkeit, Leistungsbereitschaft, Pünktlichkeit, Höflichkeit

Arbeit belastet

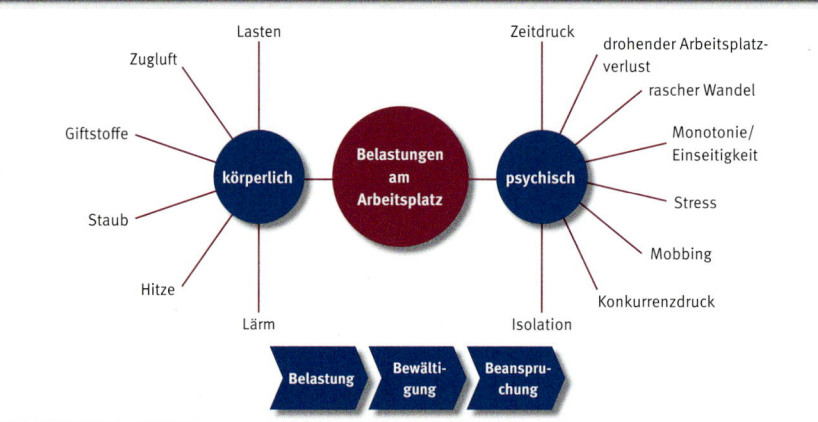

Arbeit fördert

- humane Arbeit → mehr Verantwortung, Abwechslung und Zufriedenheit
- die Entwicklung der eigenen Persönlichkeit ist ein lebenslanger Prozess
- Arbeit wirkt auf alle Lebensbereiche: Familie, Freizeit, Freundeskreis

Die Berufs- 3
wahl sorgfältig
planen

3.1
Sich selbst realistisch einschätzen

Spieglein, Spieglein an der Wand, zeig mir, wer ich bin.

3.2
Einflüsse auf die Berufswahl kennen

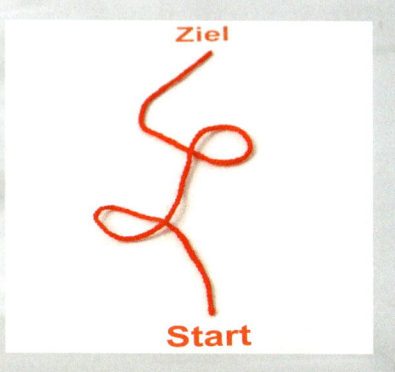

Den Faden nicht verlieren.

3.3
Hilfen zur Berufswahl kennen und nutzen

Es ist noch kein Meister vom Himmel gefallen.

1 Traumberuf Zirkusclown

2 Traumberuf Astronaut

3.1 Sich selbst realistisch einschätzen

Fragt man kleine Kinder nach ihren Berufsvorstellungen, hört man oft:

- „Mein Ziel ist Zirkusclown." 1
- „Ich werde Astronautin." 2
- „Ich werde Rennfahrer." 3

Wie kommen Kinder zu solchen Berufsträumen? Vorbilder aus Kino und Fernsehen, Anregungen durch Kinderbücher oder Erlebnisse in der Freizeit, für die sie sich z. B. begeistern konnten, lassen diese Wünsche entstehen.

Im Verlauf des Schulalters zerplatzen diese Träume meist wie Seifenblasen. Aber warum?

- Welche Faktoren geben die Richtung bei der Berufswahl an?
- Wodurch werden sie beeinflusst?
- Und welche Hilfen gibt es bei der Vielzahl an beruflichen Möglichkeiten?

Wünsche, Interessen, Erwartungen

Für die Berufswahl gibt es sehr viele Möglichkeiten. Da fällt es verständlicherweise sehr schwer, sich für den einen Beruf zu entscheiden. Darum sollte das große Feld der Möglichkeiten eingegrenzt werden.

Berufswünsche aus der Kinderzeit sind oft unrealistisch und nicht ernsthaft überlegt. Deshalb sind sie schon nach kurzer Zeit nicht mehr aktuell. Sie waren nur ein kurzes Strohfeuer.

Wegweiser zum Traumberuf sollten Hobbys und Interessen sein.

Was man gern tut, Spaß macht und einem leicht fällt, gibt die Richtung der Berufsorientierung an.

Dadurch wird das große Feld der Möglichkeiten entscheidend eingegrenzt und übersichtlicher. Viele Berufe scheiden schon von vornherein aus der Berufswahl aus.

Sich selbst realistisch einschätzen

3 Traumberuf Rennfahrer

4 Spieglein, Spieglein …

Auch Erwartungen an den Beruf spielen eine Rolle, z. B.:

- mit bestimmten Werkstoffen arbeiten,
- viel Geld verdienen,
- berühmt werden,
- in der Welt herumkommen 3 .

Folgende Fragestellungen grenzen die Berufswünsche und die Vielzahl an Möglichkeiten weiter realistisch ein:

- Was will ich?
- Was trau ich mir zu?
- Was steht mir offen?

AUFGABE

1. Legen Sie eine Tabelle mit drei Spalten an. Notieren Sie:

a) welche Hobbys Sie haben,

b) wo Ihre Interessen liegen,

c) welche Erwartungen Sie an Ihren künftigen Beruf stellen.

Persönliche Fähigkeiten erkennen

Der nächste Schritt zu einer verantwortlichen Berufswahl besteht darin, die eigenen Fähigkeiten zu erkennen und richtig einzuschätzen 4 . Für die Berufswahl sind folgende Bereiche wichtig:

- körperliche Fähigkeiten,
- geistige Fähigkeiten,
- soziale Fähigkeiten.

Diese sind einerseits angeboren, andererseits sind sie durch gezieltes Üben trainierbar. Ein Vergleich mit Spitzensportlern kann dies verdeutlichen. Ein großer, schlanker Sportler eignet sich für den Hochsprung in der Leichtathletik. Ein muskulöser, relativ kleiner Sportler kann dagegen die Sportart Gerätturnen erfolgreich ausüben.
Ohne gezieltes Training werden aber beide nicht in die Spitzenklasse gelangen können.

Persönliche Fähigkeiten lassen sich durch Training verbessern.

37

Sich selbst realistisch einschätzen

Das Interesse am	ist groß	ist gering	ist nicht vorhanden
Umgang mit Menschen	?	?	?
Umgang mit Technik	?	?	?
Lesen	?	?	?
Rechnen	?	?	?
Arbeiten im Freien ...	?	?	?
Die Erwartungen im Beruf	sind hoch	sind gering	sind nicht vorhanden
viel Geld zu verdienen	?	?	?
Sicherheit zu haben	?	?	?
immer Neues zu erleben	?	?	?
immer Neues zu erleben	?	?	?
im Team zu arbeiten ...	?	?	?
Die Fähigkeit	ist gut	geht so	ist nicht gut
körperliche Belastbarkeit	?	?	?
Ideenreichtum	?	?	?
Kontaktfähigkeit	?	?	?
Hand- und Fingergeschick ...	?	?	?

1 Selbsterkundungsbogen (Auszug)

Zu den körperlichen Fähigkeiten zählen:

- Hand- und Fingergeschick,
- handwerkliches Geschick,
- Schwindelfreiheit,
- robuste Gesundheit;
- körperliche Belastbarkeit, z. B. Kraft, Ausdauer,
- **Koordinationsfähigkeit** ...

Zu den geistigen Fähigkeiten gehören:

- Sprachbeherrschung, Textverständnis,
- logisches Denken, rechnerisches Denken,
- räumliches Vorstellungsvermögen,
- Kreativität, Sinn für Formen und Farben,
- Konzentrationsfähigkeit ...

Soziale Fähigkeiten sind z. B.:

- Kontaktsicherheit
- **Teamfähigkeit**,
- Konfliktlösungsfähigkeit,
- Rücksichtnahme, Einfühlungsvermögen,
- Zuverlässigkeit, Gewissenhaftigkeit ...

Möglichkeiten, sich kennen zu lernen

Eine korrekte Selbsteinschätzung ist sehr schwer. Coole Typen überschätzen sich gern. Unsichere Menschen neigen eher zur Unterschätzung.

Hilfreich für die Selbsteinschätzung ist ein ehrlich ausgefüllter Selbsterkundungsbogen 1 .

Bewährt hat sich auch die Fremdeinschätzung. Dabei werden z. B. Eltern, Geschwister oder Freunde mithilfe des Selbsterkundungsbogens zur eigenen Person befragt.

AUFGABE

1. Erstellen Sie einen Selbsterkundungsbogen über Ihre eigenen Fähigkeiten. Orientieren Sie sich an 1 .

2. Lassen Sie Ihre Einschätzungen von Menschen überprüfen, die Sie gut kennen.

Sich selbst realistisch einschätzen

2 Parcours   3 Balancieren   4 Liegestütze

Stimmen Selbsteinschätzung und die Ergebnisse der Fremdeinschätzung weitgehend überein, ergeben sie ein recht realistisches Bild.

> **Nur wer ein realistisches Bild von sich selbst hat, kann spätere Fehlentscheidungen in der Berufswahl vermeiden.**

Es gibt zahlreiche Anregungen, wie man außerdem herausbekommen kann, was in einem steckt.
Am besten herauszufinden ist das durch einen umfassenden Fähigkeitsparcours 2 .

> **Ein Parcours (sprich: parkur) ist eine Strecke mit Hindernissen.**

Mit einem Parcours lassen sich die körperlichen, geistigen und sozialen Voraussetzungen erforschen.

Die gezeigten Beispiele sollen dazu ermuntern, solche Aufgaben durchzuführen und sich kennen zu lernen.

Körperliche Fähigkeiten testen

Beim Balancieren auf einem Schwebebalken 3 wird z. B. festgestellt, ob man das Gleichgewicht halten kann und schwindelfrei ist. Wer unterschiedliche Bewegungen gleichzeitig ausführen kann, z. B. beim Jonglieren, zeigt Koordinationsfähigkeit.

Beim Treppensteigen (auch mit Gewichtsweste) können die Geschwindigkeit und die anschließende Messung des **Pulses** Aufschluss über die körperliche Belastbarkeit geben.

Ausdauer und Kraftausdauer lassen sich z. B. durch Liegestütze 4 oder Seilsprünge testen. Hand- und Fingergeschick beweisen diejenigen, die sicher mit Nadel und Faden oder mit der Laubsäge umgehen können.

AUFGABE

3. Nennen Sie drei weitere Übungen, die als Test für körperliche Fähigkeiten geeignet sind.

Sich selbst realistisch einschätzen

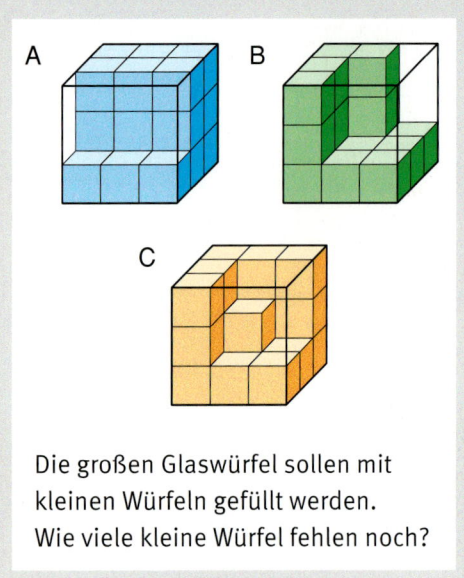

1 Räumliches Vorstellungsvermögen testen

Die großen Glaswürfel sollen mit kleinen Würfeln gefüllt werden. Wie viele kleine Würfel fehlen noch?

2 Spinnennetz

3 Führen mit verbundenen Augen

Geistige Fähigkeiten prüfen

Wer ein fertiges Gerät auseinanderlegen und wieder richtig zusammenbauen kann, zeigt mechanisch-technisches Verständnis.

Räumliches Vorstellungsvermögen weist nach, wer einen vorgegebenen großen Körper mit der richtigen Anzahl kleiner Körper füllen kann 1 .

Neben mathematischen Aufgaben sollten auch Übungen zum Textverständnis und zur Sprachbeherrschung Teil eines Fähigkeitsparcours sein 4 .

4 Sprachbeherrschung testen

Soziale Fähigkeiten untersuchen

Kooperations- und Teamfähigkeit können unter anderem mit bestimmten Spielen getestet werden.

Beim Spinnennetz z. B. wird ein Tau mehrfach innerhalb eines Fußballtores verknotet. Die gesamte Mannschaft muss sich gegenseitig auf die andere Seite helfen. Das Tau darf nicht berührt werden 2 .

Sich auf andere verlassen zu können, wird dadurch getestet, indem man sich in einem eng stehenden Kreis mit verbundenen Augen ohne Angst fallen lassen kann. Die Mitspieler fangen den sich fallen lassenden zuverlässig auf.

Eine ähnliche Aufgabe erfüllt das Führen einer Person mit verbundenen Augen 3 . Der „Blindenführer" lenkt in unbekanntem Gelände durch Handbegleitung oder auf Zuruf. Der „Blinde" muss ihm vertrauen.

Sich selbst realistisch einschätzen

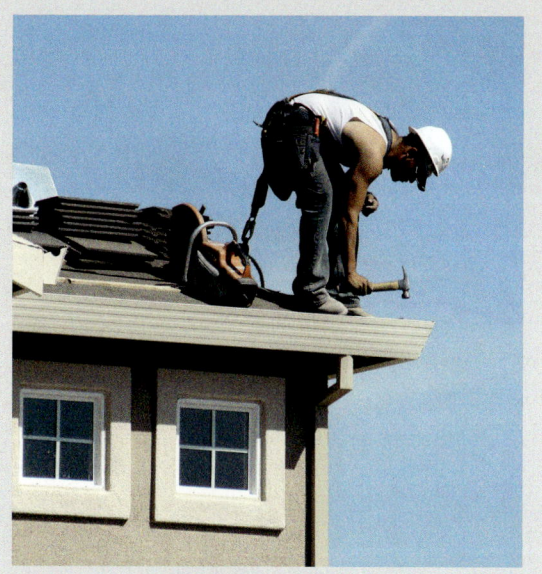

5 Kommunikativ sein

6 Schwindelfrei sein

Berufsanforderungen prüfen

Jeder Beruf ist gekennzeichnet durch bestimmte Aufgaben und Tätigkeiten – das **Berufsbild**. Daraus ergeben sich bestimmte Anforderungen, um den jeweiligen Beruf später erfolgreich ausüben zu können. Das sind zunächst die allgemein vorgeschrieben Zugangsvoraussetzungen, z. B.:

- das Mindestalter,
- der Schulabschluss ...

Außerdem stellt jeder Beruf ganz eigene Anforderungen, z. B.:

- Wer im Verkauf tätig ist, muss offen mit Kunden reden können (Kommunikationsfähigkeit) 5 .
- Wer im Hochbau arbeitet, muss schwindelfrei sein (Schwindelfreiheit) 6 .

Informationen über Berufsbilder aller Ausbildungsberufe sind auf den Internetseiten der Agentur für Arbeit abrufbar.

Für die Berufswahl ist es nun wichtig, seine persönlichen Stärken und Schwächen mit den beruflichen Anforderungen zu vergleichen.

Die Anforderungen des gewählten Berufes sollten mit den persönlichen Interessen und Voraussetzungen weitgehend übereinstimmen.

Natürlich erwartet kein Ausbildungsbetrieb, dass die Anforderungen zu 100 Prozent erfüllt werden. Schließlich gibt es noch eine Ausbildungszeit.

Je mehr berufliche Anforderungen mit persönlichen Voraussetzungen übereinstimmen, desto wahrscheinlicher wird ein Bewerbungserfolg.

AUFGABE

1. Recherchieren Sie im Internet das Berufsbild Ihres angestrebten Ausbildungsberufes. Nennen Sie

a) Zugangsvoraussetzungen,
b) berufliche Anforderungen.

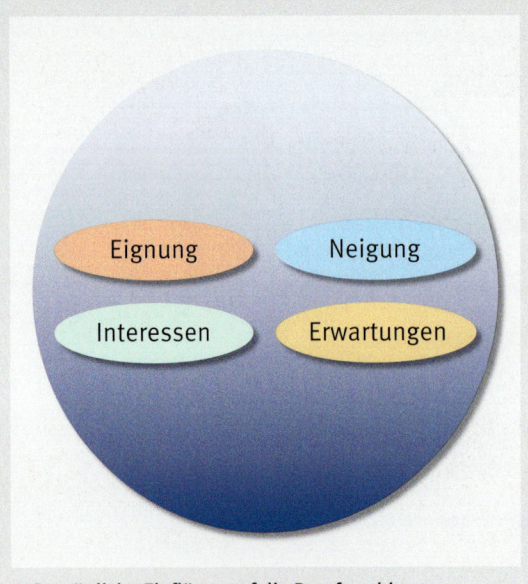

1 Persönliche Einflüsse auf die Berufswahl

2 Gespräch mit Freunden

3.2 Einflüsse auf die Berufswahl kennen

Persönliche Einflüsse

Sich kennen lernen, sich richtig einschätzen, sich im Klaren darüber sein, was man will, das sind die ersten Schritte auf dem Weg zu einem „passenden" Beruf.
Verschiedene Faktoren nehmen dabei Einfluss auf die Berufswahl **1** . Das sind die:

- Eignung (die persönlichen Fähigkeiten und Stärken),
- Neigungen (die Dinge, die man gern tut, mit denen man sich gern beschäftigt),
- Interessen (das, worauf man neugierig ist, was man genauer kennen lernen möchte).

Auch Erwartungen haben Einfluss, z. B.

- viel Geld verdienen,
- weit in der Welt herum kommen,
- eine sinnvolle, stressfreie Arbeit ausüben.

Äußere Einflüsse

Wer sich mitten im Berufswahlprozess befindet, spricht häufig mit Eltern, Freunden oder Bekannten **2** über geeignete Berufe.

Sie können durch ihre eigenen Erfahrungen im Berufsleben Hilfen und Ratschläge geben.

> **Die letzte Verantwortung für die berufliche Entscheidung liegt beim Berufswähler selbst.**

AUFGABE

1. Wer einen Beruf ausübt, kann Informationen aus erster Hand liefern.

a) Entwickeln Sie geeignete Fragen zum Prüfen der eigenen Berufsvorstellungen.

b) Interviewen Sie anschließend Personen Ihres Umfelds mithilfe dieser Fragen.

Einflüsse auf die Berufswahl kennen

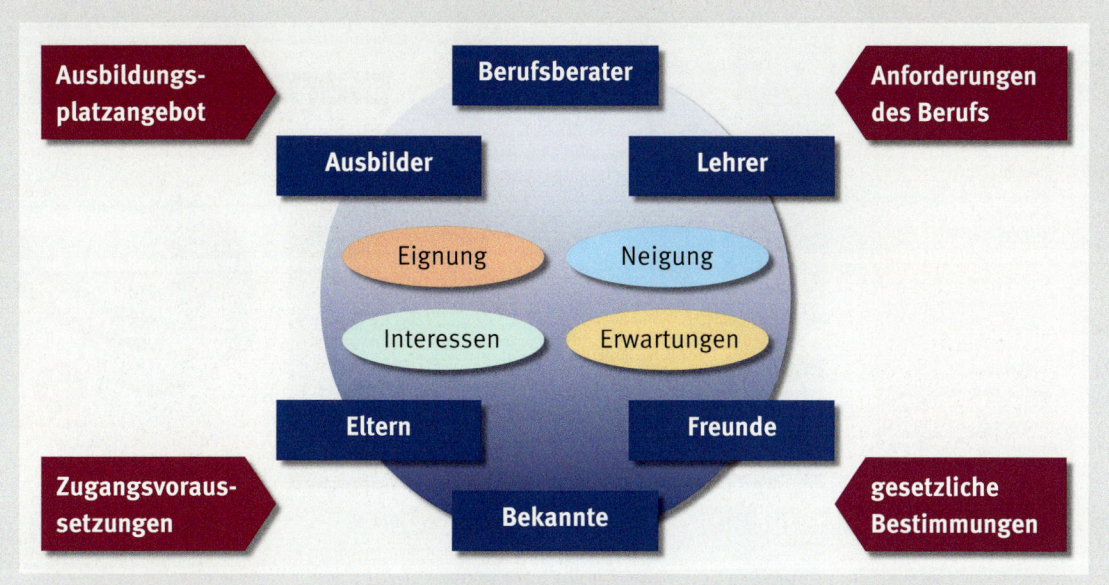

3 Äußere Einflüsse auf die Berufswahl

Darüber hinaus beeinflussen die Berufswahl:

- Lehrkräfte,
- Ausbilder und
- Berufsberater 3 .

Die Lehrkräfte stellen den Jugendlichen Informationsmaterial zur Verfügung und zeigen, wie man es nutzt. Sie fordern diese dazu auf, auch alternative Ausbildungsmöglichkeiten zu erwägen. Sie betonen, wie wichtig es ist, die geforderten Arbeitstugenden einzuhalten.

Viele Lehrkräfte können mit ihren Kontakten in die Berufswelt auch direkte Hilfestellung geben.

Selbst gesammelte Erfahrungen aus betrieblichen Praktika bringen vielfältige Vorteile. Sie geben zunehmend Klarheit über die eigenen beruflichen Vorstellungen. Der Ausbilder kann die Fähigkeiten des Praktikanten erkennen, Rückmeldung und Hilfestellungen geben. Es wird schnell ersichtlich, ob man den Anforderungen des Berufes gewachsen ist.

Der Berufsberater vor Ort kennt durch seine Kontakte mit den Betrieben das aktuelle Ausbildungsplatzangebot in der Region. Er weiß über Zugangsvoraussetzungen, z. B. den erforderlichen Schulabschluss, Bescheid und stellt Unterlagen über Ausbildungsplätze der Umgebung zur Verfügung.

Gesetzliche Bestimmungen grenzen die Möglichkeiten für die Ausbildung in bestimmten Berufen – zumindest zeitweise – ein. Wer z. B. einen Pflegeberuf anstrebt, muss ein Mindestalter haben. Schutzbestimmungen (Jugendarbeitsschutzgesetz) schränken Lage und Dauer der Ausbildungszeiten ein.

AUFGABE

2. In welchen Berufen muss Ihrer Meinung nach ein Mindestalter beachtet werden. Begründen Sie Ihre Ausführungen.

3. Stellen Sie eine „Hitliste" der wichtigsten Einflussgrößen 2 in Ihrer Klasse auf.

1 Planet Beruf im Internet

3.3 Hilfen zur Berufswahl kennen und nutzen

Agentur für Arbeit

Den richtigen Beruf für sich zu finden ist schwer. Die Wahl fällt leichter, wenn man die zahlreichen Hilfen kennt und nutzt. Die wichtigsten sind:

- die Agentur für Arbeit,
- Ausbildungsmessen,
- Betriebspraktika …

Unter www.planet-beruf.de 1 gibt es von der Agentur für Arbeit ein breit gefächertes Informations- und Hilfsangebot zur:

- Berufswahl,
- Bewerbung und
- Ausbildung.

Attraktive **interaktive** Spiele helfen bei der Suche nach den eigenen Stärken und Interessen.

Es gibt abwechslungsreiche Reportagen. Sie zeigen in sehr anschaulicher Weise

- Arbeitsaufgaben,
- Arbeitsbedingungen und
- Anforderungen der Ausbildungsberufe.

In Interviews können die Nutzer Originalaussagen von Berufstätigen nachlesen und sich so „aus erster Hand" informieren. Aktuelle Zahlenangaben ergänzen das Informationspaket:

- zur Höhe der Ausbildungsvergütung,
- zu vorhandenen Ausbildungsstellen und
- zur jeweiligen Arbeitsmarktsituation.

AUFGABE

1. Recherchieren Sie im Internetauftritt von Planet Beruf

a) zum Beruf Fachkraft im Gastgewerbe,
b) zu Ihrem angestrebten Ausbildungsberuf.

Hilfen zur Berufswahl kennen und nutzen

2 Berufsinformationszentrum (BIZ)

3 Gespräch mit dem Berufsberater

Wer nicht auf Anhieb einen Ausbildungsplatz findet, erhält ebenfalls wertvolle Hilfen zu den Themen:

- Ausbildungschancen verbessern,
- Wege zum Schulabschluss,
- zwischen Schule und Ausbildung,
- Auslandserfahrung sammeln.

Außerdem werden Porträts, Berichte und Reportagen für die Übergangsphase von der Schule in den Beruf angeboten.

Die Beispiele sind aktuell und lebensnah. Sie zeigen, Lösungen auch nach anfänglichen Schwierigkeiten bei der Ausbildungsplatzsuche. Sie ermutigen dazu, nicht aufzugeben. Wer bereit ist seine Berufswahlneu zu überdenken, findet oft eine Auswahlmöglichkeit.

Wer selbst keinen Internetzugang besitzt, kann das Berufsinformationszentrum der Agentur für Arbeit (BIZ) **2** aufsuchen. Von hier aus kann man das Internetangebot von Planet-Beruf nutzen.

In den Agenturen für Arbeit vor Ort gibt es Berufsberater. Das Wissen dieser Experten sollte unbedingt genutzt werden. Dafür muss ein Beratungstermin vereinbart werden.

> **Für das Beratungsgespräch 3 ist eine gezielte Vorbereitung notwendig.**

Hilfreich ist das Erstellen einer Checkliste, in der die bereits gesammelten Erkenntnisse wieder abgerufen werden können:

- Selbsterkundung: Voraussetzungen, Interessen, Erwartungen,
- angestrebte Ausbildungsberufe,
- schulischer Werdegang,
- bisherige (praktische) Erfahrungen,
- bisherige Bewerbungen.

AUFGABE

2. Erstellen Sie eine persönliche Checkliste zur Vorbereitung des Gesprächs mit einem Berufsberater.

45

1 Ausbildungsmesse

2 Lebende Werkstatt

Ausbildungsmessen

In den letzten Jahren verringerte sich die Zahl der Schulabgänger aufgrund des Geburtenrückgangs in Deutschland deutlich. Betriebe müssen sich deshalb rechtzeitig um ihren Nachwuchs bemühen. Ein möglicher Weg sind Ausbildungsmessen 1 . Hier informieren Betriebe über:

- ihr Unternehmen,
- ihre Produkte bzw. Dienstleistungen,
- ihre Ausbildungsberufe …

Zum Teil sind „lebende Werkstätten" 2 aufgebaut. Die Besucher erhalten so einen realistischen Einblick in die Berufe.

Ausbildungsmessen sind der ideale Ort für Ausbildungsplatzsuchende.

Es gibt Informationen aus erster Hand – und das über mehrere Betriebe und Berufe an einem Ort. Dabei erfährt man auch, welche Erwartungen an den Nachwuchs gestellt werden.

AUFGABE

1. Stellen Sie für sich selbst einen Plan für den Besuch einer Ausbildungsmesse zusammen.

Welche Messestände, welche Vorträge wollen Sie besuchen?

Für Bewerber um einen Ausbildungsplatz ist die Ausbildungsmesse eine großartige Chance, sich vorzustellen, Interesse zu zeigen und sich auszuprobieren. Damit das erfolgreich gelingt, ist eine gezielte Vorbereitung notwendig. Dabei sollte man:

- sich die eigenen persönlichen Fähigkeiten in Erinnerung rufen,
- solche Betriebe bzw. Berufe im Vorfeld auswählen, die zu den eigenen Vorstellungen passen,
- spezielle berufliche Interessen begründen können,
- das Auftreten an den Messeständen planen und wenn möglich üben.

3 Praktikum in einer Drogerie

Betriebspraktika

Um einen Beruf genauer kennenzulernen, sollten die Lernchancen des Betriebspraktikums 3 genutzt werden. Dabei erlebt man:

- die speziellen Arbeitsaufgaben,
- den Umgang mit Arbeitsmitteln,
- die Arbeitsbedingungen und Belastungen,
- die beruflichen Anforderungen,
- die Umgangsweisen mit Kollegen.

Außerdem lässt sich im Praktikum viel über die eigentliche Ausbildung im Betrieb erfahren.

Die Lernergebnisse sollten in einem Praktikumsbericht festgehalten und wenn möglich durch Bilder ergänzt werden.

Dadurch kann auch später noch auf die Ergebnisse zurückgegriffen werden.

Große Bedeutung hat während des Praktikums der Kontakt mit den Ausbildern im Betrieb.

Sie werden rasch erkennen:

- wie man sich einbringt,
- ob man den Erwartungen entspricht und
- die notwendigen Arbeitstugenden hat.

Wer sich während des Praktikums „gut verkauft", erhöht seine Chancen auf einen Ausbildungsplatz im Praktikumsbetrieb.

Ein erfolgreich verlaufenes Praktikum garantiert nicht automatisch einen Ausbildungsplatz. Das hängt von weiteren Faktoren ab, z. B. der aktuellen Beschäftigungssituation.

Aber wer mehrere Praktika absolviert, kann gut zwischen verschiedenen Betrieben und unterschiedlichen Berufen vergleichen. Wer sich im Praktikum engagiert zeigt, erhält vom Praktikumsbetrieb ein positives Zeugnis.

Erfahrungen und Rückmeldungen aus dem Praktikum verbessern die Bewerbungschancen.

ZUSAMMENFASSUNG

Die Berufswahl sorgfältig planen

Realistische Selbsteinschätzung

- Was will ich?
- Was trau ich mir zu?
- Wie sehen mich andere?
- Welche beruflichen Anforderungen passen zu mir?
- Was steht mir offen?

Körperlich belastbar	1	2	3	4	5
Hand- und Fingergeschick	1	2	3	4	5
Räumliches Vorstellungsvermögen	1	2	3	4	5
Technisches Verständnis	1	2	3	4	5
Sprachbeherrschung, formulieren können	1	2	3	4	5
Logisches Denken	1	2	3	4	5
Merkfähigkeit/Gedächtnis	1	2	3	4	5
Reaktionsfähigkeit	1	2	3	4	5
Anpassungsfähigkeit	1	2	3	4	5
Fähigkeit zur Zusammenarbeit	1	2	3	4	5

Wer oder was beeinflusst die Berufswahl?

- Ausbildungsplatzangebot
- Berufsberater
- Anforderungen des Berufs
- Ausbilder
- Lehrer
- Eignung
- Neigung
- Interessen
- Erwartungen
- Eltern
- Freunde
- Zugangsvoraussetzungen
- Bekannte
- gesetzliche Bestimmungen

Rahmenbedingungen

Welche Hilfen zur Berufswahl kann man nutzen?

Erfolgreich bewerben 4

**4.1
Die Visitenkarte –
die Bewerbungsmappe**

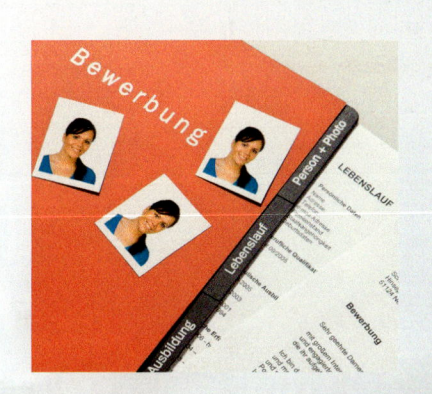

Schon der erste Eindruck zählt!

**4.2
Das Vorstellungs-
gespräch**

Auf in die zweite Runde!

**4.3
Einstellungstest**

Für den Ernstfall gut trainiert sein.

1 Der erste Eindruck entscheidet

2 Beispiel einer Bewerbungsmappe

4.1 Die Visitenkarte – die Bewerbungsmappe

Der Traumberuf ist ausgewählt. Es konnten sogar einige Angebote gefunden werden. Wer einen Ausbildungsplatz bzw. eine Stelle haben möchte, muss sich nun dem Bewerbungsverfahren stellen.

Gar nicht so einfach – aber machbar. Ein Bewerbungsverfahren besteht aus

- der schriftlichen Bewerbung,
- dem Vorstellungsgespräch,
- eventuell Bewerbungstests.

Um mit seiner Bewerbung Erfolg zu haben, sollte der Bewerber wissen, worauf Betriebe achten. Der erste Eindruck – die schriftliche Bewerbung – ist bereits entscheidend 1 .

> **Nur wer mit seiner schriftlichen Bewerbung überzeugt, kommt im Bewerbungsverfahren eine Runde weiter.**

Die äußere Form beachten

Die Bewerbungsunterlagen bestehen aus

- dem Bewerbungsschreiben bzw. Anschreiben,
- dem Lebenslauf,
- einem aktuellen Foto (keine Pflicht),
- den Anlagen, z. B. Zeugnissen, Beurteilungen, Schulungsnachweisen.

Alle Bewerbungsunterlagen, außer dem Bewerbungsschreiben, gehören in eine feste Mappe 2 mit einer gedeckten Farbe, z. B. Grau oder Dunkelblau.

> **Für die Unterlagen wird möglichst hochwertiges, weißes Papier im Format A4 verwendet.**

Günstig ist die Verwendung gut lesbarer Schriften, z. B. Times New Roman oder Arial in einer Schriftgröße von 10 bis 12 Punkt. Hervorhebungen dürfen „fett" gestellt werden. Unterstreichungen sollten vermieden werden.

3 Fehler im Anschreiben

4 Ausgeschieden

5 Interesse des Personalverantwortlichen wecken

Weist die Bewerbungsmappe bereits äußerlich deutlich sichtbare Schwächen auf, geht die Bewerbung sicher schief. Tödliche Fehler sind:

- Eselsohren und Fettflecken,
- Rechtschreibfehler,
- unvollständige und ungeordnete Unterlagen,
- Nichtbeachten der Gestaltungsregeln (Rand, Adressfeld, Anrede, Abstände usw.),
- fehlende Unterschriften …

> **Für alle Bewerbungsunterlagen gilt es, fehlerfrei zu schreiben.**

Besonders Fehler schon im Adressfeld des Empfängers oder der Anrede 3 sorgen für ein frühzeitiges Ausscheiden aus der Bewerberrunde 4 . Alle Unterlagen sollten deshalb von einer neutralen Person gelesen und, wenn nötig, korrigiert werden.

> **Die Bewerbungsmappe ist eine ganz persönliche Visitenkarte. Sie sollte im Erscheinungsbild einwandfrei sein.**

Das Bewerbungsschreiben formulieren

Zu den Bewerbungsunterlagen gehört das Bewerbungsschreiben oder auch Anschreiben.

> **Das Anschreiben gehört nicht in die Bewerbungsmappe. Es liegt lose oben auf.**

Neben der richtigen äußeren Form kommt es auf den Inhalt an. Ziel des Anschreibens ist es

- Neugierde für die eigene Person zu wecken,
- persönliches Interesse an der ausgeschriebenen Stelle zu zeigen und
- die persönliche Eignung überzeugend darzustellen.

Personalverantwortliche 5 im Betrieb lesen häufig Bewerbungsschreiben mit immer gleichen Satzmustern. Solche Bewerbungen landen postwendend beim Absender. Ihr Interesse wird geweckt, wenn sich das Anschreiben von der „Masse" abhebt. Das Bewerbungsschreiben sollte auf die Stelle und das Unternehmen abgestimmt sein.

1 Lebenslauf am PC schreiben

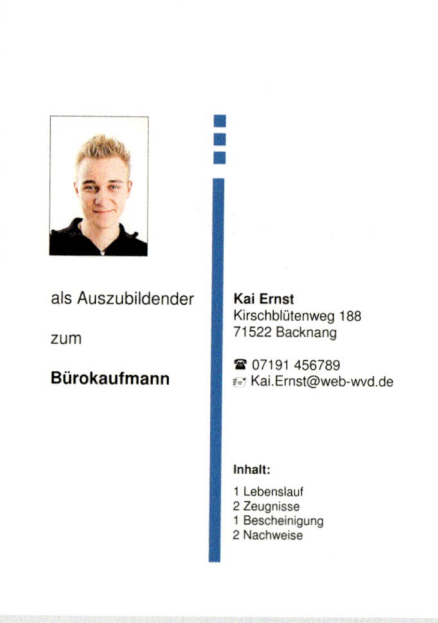

2 Gestaltetes Deckblatt mit Foto

Der Lebenslauf

Wichtigster Bestandteil der Bewerbungsmappe ist der Lebenslauf. Er enthält alle Angaben zum persönlichen und schulischen Lebensweg. Der Lebenslauf sollte Interesse für den Bewerber wecken und zeigen, was dieser dem zukünftigen Ausbildungsbetrieb bieten kann.

> **Standard ist heute der tabellarische Lebenslauf.**

Er wird üblicherweise am PC 1 in Form einer Tabelle geschrieben. Die Angaben sollten in Stichpunkten kurz und treffend formuliert sein.

Besonders wichtig ist die Darstellung der persönlichen Erfahrungen und Interessen, die auf die jeweilige Stelle und das jeweilige Unternehmen passen. Aber nur wirklich vorhandene Fähigkeiten sollten aufgeführt werden.

> **Alle Angaben im Lebenslauf müssen mit Zeugnissen und Bescheinigungen belegt werden können.**

Unternehmen achten auch auf die Vollständigkeit des Lebenslaufes. Vorhandene Lücken müssen erklärt werden. Bewährt hat sich bei Schulabgängern die Auflistung der Lebensstationen in zeitlicher Reihenfolge. Folgende Punkte müssen enthalten sein 3 :

① Zur Person:
Name, Anschrift, Telefonnummer, Geburtsdatum, Geburtsort,

② Schulbildung:
Überblick der besuchten Schulen, Abschluss, Lieblingsfächer, Aktivitäten,

③ Kenntnisse und praktische Erfahrungen:
Eigenschaften, die für die Ausbildungsstelle wichtig sind,

④ Datum und Unterschrift.

Üblich und sinnvoll, aber nicht Pflicht, ist ein aufgeklebtes Foto auf dem Lebenslauf oder einem extra gestalteten Deckblatt 2 . Der Bewerber sollte ein hochwertiges Passfoto anfertigen lassen. Bilder aus dem Automaten erwecken einen schlechten Eindruck. Auch eingescannte Bilder sind nicht geeignet.

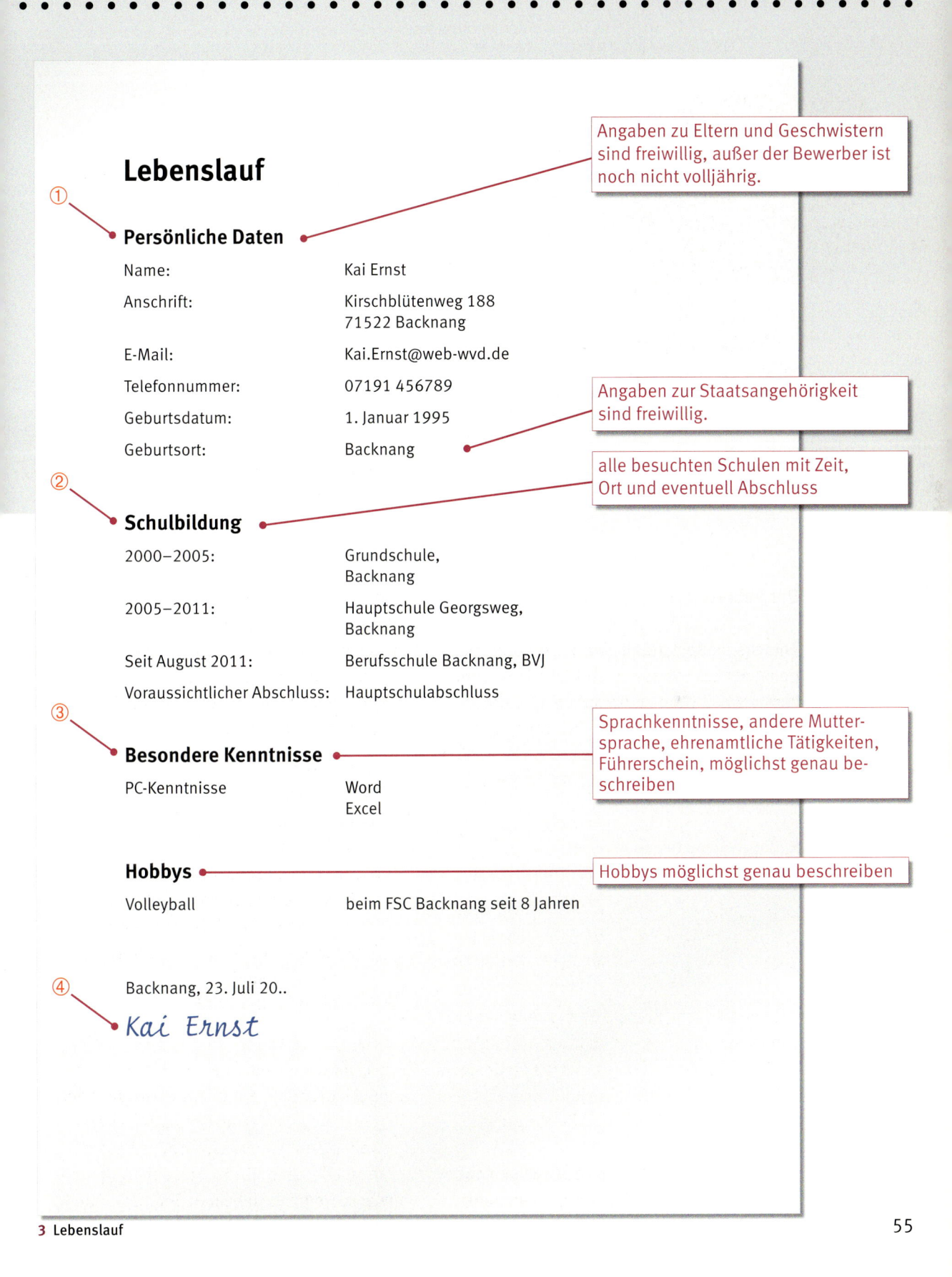

Lebenslauf

① **Persönliche Daten**

Name:	Kai Ernst
Anschrift:	Kirschblütenweg 188
	71522 Backnang
E-Mail:	Kai.Ernst@web-wvd.de
Telefonnummer:	07191 456789
Geburtsdatum:	1. Januar 1995
Geburtsort:	Backnang

Angaben zu Eltern und Geschwistern sind freiwillig, außer der Bewerber ist noch nicht volljährig.

Angaben zur Staatsangehörigkeit sind freiwillig.

② **Schulbildung**

alle besuchten Schulen mit Zeit, Ort und eventuell Abschluss

2000–2005:	Grundschule, Backnang
2005–2011:	Hauptschule Georgsweg, Backnang
Seit August 2011:	Berufsschule Backnang, BVJ
Voraussichtlicher Abschluss:	Hauptschulabschluss

③ **Besondere Kenntnisse**

Sprachkenntnisse, andere Muttersprache, ehrenamtliche Tätigkeiten, Führerschein, möglichst genau beschreiben

PC-Kenntnisse	Word
	Excel

Hobbys

Hobbys möglichst genau beschreiben

Volleyball	beim FSC Backnang seit 8 Jahren

④ Backnang, 23. Juli 20..

Kai Ernst

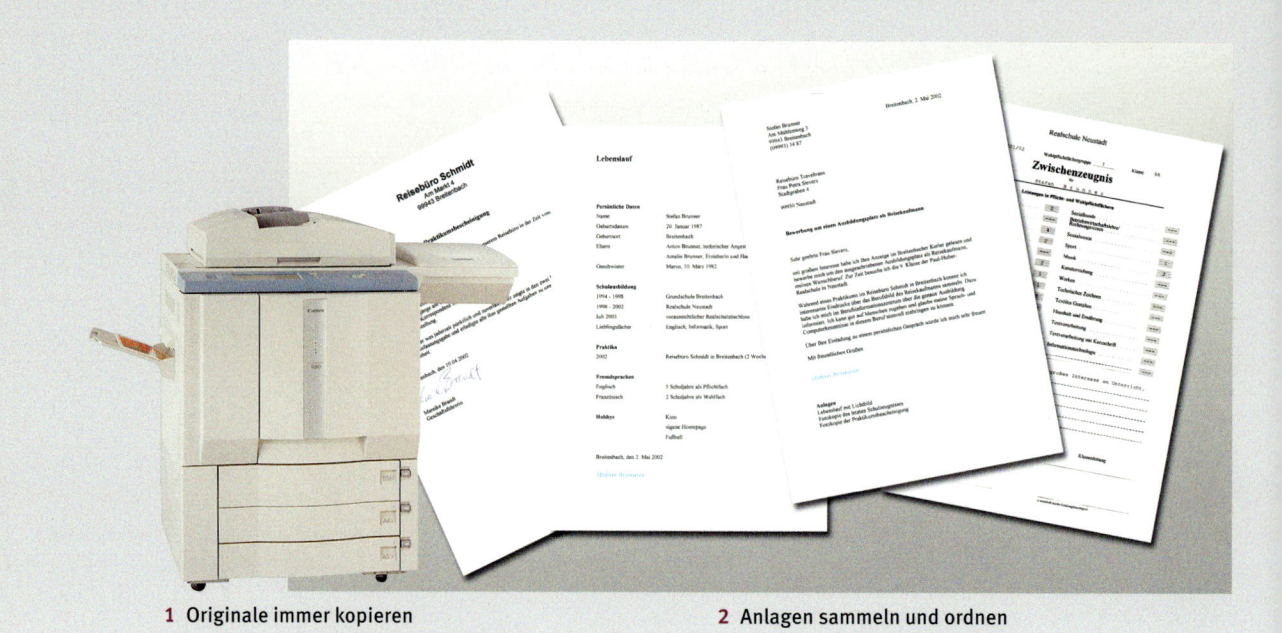

1 Originale immer kopieren 2 Anlagen sammeln und ordnen

Die Anlagen

Anlagen sind Nachweise für die im Anschreiben und dem Lebenslauf aufgeführten Qualifikationen und Fähigkeiten. Sie haben einen hohen Stellenwert bei der Entscheidung für oder gegen ein Vorstellungsgespräch.

In die Anlage gehören folgende Unterlagen:

- die zwei letzten Zeugnisse:
  bei Berufsanfängern ist das Abschlusszeugnis die wichtigste Quelle für die Bewertung der fachlichen Eignung,
- Praktikums- und Arbeitszeugnisse:
  praktische Erfahrungen zählen bei den Firmen besonders viel,
- Zertifikate und Bescheinigungen über Zusatzqualifikationen:
  das sind z. B. Computer- oder Sprachkenntnisse.

Als Anlagen werden ausschließlich Kopien von guter Qualität verschickt – niemals Originale 1 .

Allgemeine Gesichtspunkte für die Auswahl der Anlage 2 sind:

- Vollständigkeit:
  für jede Lebensphase im Anschreiben und im Lebenslauf genannten Qualifikationen,
- Sorgfalt der Auswahl:
  keine überflüssigen Unterlagen 3 ,
- Ordnung:
  die zeitlich jüngsten Angaben zuerst, die ältesten Bescheinigungen zuletzt,
- weniger ist mehr:
  keine Anlagen in Klarsichthüllen.

Bei der Auswahl der Anlagen ist auf den Bezug zur ausgeschrieben Stelle zu achten.

3 Diese Urkunde ist nicht sinnvoll

Online-Bewerbung

Herzlich willkommen bei der Jobgeber GmbH

Liebe Bewerberin,
lieber Bewerber,

wir freuen uns, dass Sie sich bei uns bewerben möchten. Um Sie schon im Vorfeld etwas besser kennen lernen zu können, möchten wir Sie bitten, dieses Bewerbungsformular sorgfältig auszufüllen und Ihr Anschreiben, Ihren Lebenslauf und relevante Zeugnisse als Datei anzuhängen.

Persönliche Angaben, Angaben zur gewünschten Stelle *) Pflichtfeld

- Vorname*, Nachname*
- Straße*, Postleitzahl*, Ort*
- Geburtsdatum, Geburtsort
- Familienstand, Nationalität
- e-Mail*, Telefon (privat)*
- Beschäftigungswunsch*
- Einstiegstermin
- Jahres-Gehaltswunsch
- Anschreiben (Anlage)* [Durchsuchen]
- Lebenslauf (Anlage)* [Durchsuchen]
- Zeugnisse (Anlage)* [Durchsuchen]

☐ Ich stimme der Datenschutzerklärung zu.   [Absenden]

4 Online-Bewerbungsformular

Die Online-Bewerbung

Diese Art der Bewerbung liegt im Trend. Immer mehr Unternehmen bieten Online-Bewerbungen auf ihrer Homepage an.
Gibt es so ein Formular **4** auf der Internetseite eines Unternehmens, sollte es immer genutzt werden.

So wird es ausgefüllt:

- alle Fragen genau durchlesen und dann sorgfältig beantworten,
- alle geforderten Bewerbungsunterlagen zum Hochladen bereithalten,
- Felder, z. B. „sonstige Angaben" nutzen, um besondere Fähigkeiten zu betonen,
- das Formular erst abschicken, wenn alles ordentlich bearbeitet und kontrolliert ist.

Manche Unternehmen stellen kein Formular ins Internet, erwarten aber eine Bewerbung per E-Mail. Dem Wunsch nach einer vollständigen E-Mail-Bewerbung oder einer Kurzbewerbung sollte entsprochen werden.

Für Inhalt und Aufbau einer vollständigen E-Mail-Bewerbung gelten die gleichen Regeln wie bei einer „Papier-Bewerbung". Alle Bewerbungsunterlagen bis auf das Bewerbungsschreiben werden als Anhang versandt. Mit einem Testausdruck kann geprüft werden, ob alle Dokumente gut lesbar sind. Empfehlenswert ist eine Test-Mail an Freunde.

Ist nach zwei Wochen noch keine Antwort eingetroffen, sollte man telefonisch nachfragen.

Eine Kurzbewerbung per E-Mail dient zunächst nur der ersten Kontaktaufnahme zu einem Unternehmen oder der Nachfrage nach vorhandenen Ausbildungsplätzen.

In der E-Mail wird das Anschreiben verfasst und der Lebenslauf als Anhang angefügt. Alle anderen Anlagen können auf Wunsch zugesandt werden.

> **Der Bewerber sollte nur eine seriöse E-Mail-Adresse verwenden,**
> • **vorname.name@provider.de**

1 Zum Vorstellungsgespräch eingeladen

2 Vorstellungsgespräch im Rollenspiel üben

4.2 Das Vorstellungsgespräch

Chance für Unternehmen und Bewerber

Wer zum Vorstellungsgespräch eingeladen 1 wird, hat schon eine wichtige Hürde im Bewerbungsverfahren genommen. Die Bewerbungsunterlagen sind offensichtlich gut angekommen. Das ist ein Erfolg.

Ein Unternehmen möchte selbstverständlich den „richtigen" Nachwuchs einstellen. Mit den Bewerbungsunterlagen allein kann sich der Personalverantwortliche kein vollständiges Bild machen. Das persönliche Gespräch ergänzt diese Informationen. Es ermöglicht, dem Personalverantwortlichen

- das Auftreten und das Verhalten des Bewerbers zu beobachten,
- seine Reaktionen zu testen,
- auf Charaktereigenschaften zu schließen,
- einen persönlichen Eindruck zu erhalten.

Der Bewerber hat jetzt die Chance, sich „gut zu verkaufen". Er kann seine Stärken unter Beweis stellen und seine Motivation für den Arbeitsplatz bzw. das Unternehmen deutlich machen. Diese Situation ist ungewohnt – und meist mit gesteigerter Nervosität verbunden.

> **Eine gute Vorbereitung ist entscheidend für den erfolgreichen Verlauf und nimmt die Unsicherheit.**

Die Ergebnisse der Selbsterkundung sind dabei sehr hilfreich. Wer sich über seine körperlichen, geistigen und sozialen Fähigkeiten im Klaren ist, kann überzeugen. Das Auftreten im Vorstellungsgespräch kann geübt werden, z. B. im Rollenspiel mit Freunden 2 oder allein vor dem Spiegel.

AUFGABE

1. Üben Sie im Rollenspiel typische Situationen eines Vorstellungsgesprächs. Nehmen Sie auch die Rolle des Personalverantwortlichen ein.

Das Vorstellungsgespräch

AUFGABE

2. a) Erstellen Sie in der Gruppe eine Checkliste zur Vorbereitung auf ein Vorstellungsgespräch.

b) Üben Sie damit Ihre Antworten auf mögliche Fragen.

3. Überlegen Sie sich Fragen, die Sie Ihrem Gegenüber stellen können zum künftigen Ausbildungs- bzw. Arbeitsplatz.

3 Gutes Benehmen kommt an

Freundlich, höflich, ehrlich

Auch beim Vorstellungsgespräch zählt der erste Eindruck. Deshalb ist schon das pünktliche Erscheinen Grundvoraussetzung für ein erfolgreiches Vorstellungsgespräch.

Saubere und ordentliche Kleidung wird erwartet, sie sollte zum zukünftigen Aufgabengebiet passen. Ein gepflegtes Äußeres macht Eindruck. Das betrifft auch die Frisur und Körperpflege.

Ein selbstsicheres Auftreten ist erwünscht. Schüchternheit einerseits und Aufdringlichkeit andererseits mindern die Chancen. Freundlichkeit, höfliche **Umgangsformen** und geeignetes Benehmen 3 kommen an, z. B. bei der Begrüßung. Während des Vorstellungsgesprächs sind außerdem unbedingt die Gesprächsregeln einzuhalten:

- zuhören, ausreden lassen,
- bei Unklarheiten nachfragen,
- Jugendsprache und Dialekt vermeiden ...

Auf Fragen gefasst sein

Ein Vorstellungsgespräch besteht fast nur aus Fragen und Antworten. Häufig geht es in den Fragen an die Bewerber um:

- die Gründe, die es für die Bewerbung gibt und welches Wissen über das Unternehmen vorhanden ist,
- die besondere Eignung des Bewerbers für diesen Beruf,
- die Stärken und Schwächen des Kandidaten,
- seine Interessen und Hobbys,
- bisherige Leistungen, Schulnoten und Abschlüsse.

Bei der Beantwortung aller Fragen gilt: ehrlich antworten, nicht zu dick auftragen, Schwächen zugeben, Stärken betonen.

Der Bewerber sollte selbst auch Fragen stellen, z. B. zu Arbeitszeiten. Das zeigt Interesse am Unternehmen. Außerdem können Informationen zu Tätigkeit, Arbeitgeber und Arbeitsumfeld gesammelt werden.

1 Beim Einstellungstest ruhig bleiben

Markieren Sie das Wort, das nicht zu den anderen in der Reihe passt.

1. ☐ Hund ☐ Katze ☐ Fisch
   ☐ Kuh ☐ Schwein

2. ☐ Eisen ☐ Blei ☐ Zink
   ☐ Kupfer ☐ Wasser

3. ☐ Birne ☐ Apfel ☐ Orange
   ☐ Weißkohl ☐ Pflaume

2 Aufgabe zum sprachlichen Vermögen

4.3 Einstellungstest

Nur kein Stress

Zahlreiche Unternehmen führen zusätzlich Einstellungstests durch. Sie wollen damit ein aktuelles und möglichst objektives Bild über das Leistungsvermögen der Bewerber gewinnen – und dies unabhängig von den Schulnoten.

In solchen Testsituationen ist jeder nervös und aufgeregt. Das ist normal. Mit den Tests wollen die Unternehmen auch ermitteln, wie der Bewerber mit diesem Stress umgehen kann.

Gerade deshalb werden auch solche Aufgaben eingebaut, die in der vorgegebenen Zeit gar nicht bewältigen werden können. Wer das weiß, kann mit dem Druck entspannter umgehen 1 .

▍ **Im Test heißt es, ruhig und besonnen, Schritt für Schritt vorzugehen.**

Verschiedene Testarten kennen

Was erwartet den Bewerber bei den Testaufgaben? In Einstellungstests gibt es zahlreiche gemeinsame Arten von Aufgaben. Neben Fragen zum Schulwissen, werden Fragen zum aktuellen politischen und gesellschaftlichen Geschehen gestellt. Damit prüfen die Tester die Lernbereitschaft und den Wissensdurst der Kandidaten. Sie finden dadurch auch heraus, womit sich der Bewerber in seiner Freizeit beschäftigt.

In den meisten Einstellungstests finden sich außerdem bunt gemixt Aufgaben zu Grundkenntnissen und Grundfertigkeiten aus:

- Politik,
- Wirtschaft,
- Geschichte,
- Geographie,
- Mathematik,
- Technik,
- Logik,
- Sprache 2 .

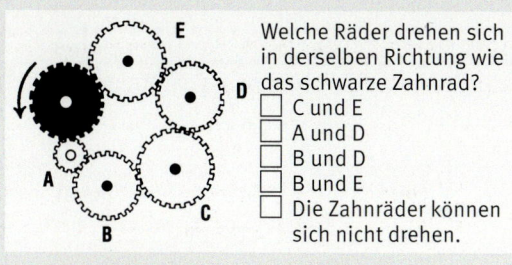

Welche Räder drehen sich in derselben Richtung wie das schwarze Zahnrad?
☐ C und E
☐ A und D
☐ B und D
☐ B und E
☐ Die Zahnräder können sich nicht drehen.

3 Aufgabe zum technischen Verständnis

4 Praktische Aufgabe

- Ausgeschlafen zum Test erscheinen,
- notwendige Unterlagen mitbringen, z. B. Schreibutensilien, Taschenrechner,
- an Getränke und Pausensnacks denken,
- aufmerksam den Anweisungen der Tester folgen,
- Aufgaben gründlich lesen,
- keine Zeit vergeuden mit nicht lösbaren Aufgaben,
- zügig und konzentriert arbeiten.

5 Diese Tipps helfen, Tests zu bestehen

Die Betriebe schneiden ihre Tests auf die beruflichen Anforderungen in ihrem Unternehmen zu. Ein technischer Betrieb wird Aufgaben aus Naturwissenschaft und Technik in den Vordergrund stellen.

Bei sozial-pflegerischen Berufen werden gestalterische Aufgaben und Fallbeispiele zum Umgang mit Menschen vorherrschen. Wer im Verkauf arbeiten will, muss auf Kopfrechnen und sprachliche Aufgaben gefasst sein.

Einige Berufe erfordern ganz besondere Voraussetzungen, z. B. Hand- und Fingergeschick, gestalterische Fähigkeiten oder technisches Verständnis 3 . Dafür werden von den Bewerbern besondere praktische Aufgaben in Eignungstests verlangt 4 . Solche Aufgaben geben Aufschluss über die Arbeitsweise des Kandidaten in Bezug auf:

- Genauigkeit,
- Sorgfalt,
- Sauberkeit,
- Zeitmanagement.

Vorbereiten auf den Einstellungstest

Konzentrationsaufgaben, Wortfeldaufgaben, Zahlenreihen, logische Folgen, räumliche Lagebeziehungen – solche Aufgaben sind oft ungewohnt. Diese lassen sich leichter bewältigen, wenn sie schon einmal gelöst wurden.

Die Lösung von Aufgaben bei Einstellungs- und Eignungstests lassen sich trainieren.

Die Agenturen für Arbeit stellen Übungshefte mit typischen Testaufgaben kostenlos zur Verfügung. Auch das Internet bietet zahlreiche Übungsmöglichkeiten. Die meisten Aufgaben tauchen in den Tests immer wieder auf. Deshalb ist es möglich und sinnvoll, sich langfristig vorzubereiten 5 .

AUFGABE

1. Besorgen Sie sich bei der Agentur für Arbeit ein Übungsheft für Einstellungstests und stellen Sie sich ehrlich der Testsituation.

ZUSAMMENFASSUNG

Erfolgreich bewerben

So geht's!

Die Visitenkarte – die Bewerbungsmappe

Bewerbungsschreiben
1. Einstieg: Anlass, Aufhänger
2. Begründung (Beruf; Unternehmen)
3. Persönliche Vorzüge und Eignung

- Online-Bewerbung (eine Sonderform der Bewerbung)

Lebenslauf
- tabellarisch
- kurz und knapp
- chronologisch oder nach EU-Norm

Anlagen
- Zeugnisse
- Zertifikate
- Nachweise

Vorstellungsgespräch

Vorbereitung – im Rollenspiel

Auftreten: Freundlich, höflich, ehrlich

Auf Fragen vorbereitet sein

Einstellungstests

- langfristig vorbereiten
- ruhig und besonnen vorgehen

Wege in den Beruf 5

5.1
Schule fertig – was jetzt?

Es gibt immer einen Weg.

5.2
Vorbereiten auf Ausbildung und Beruf

Schnuppern, probieren, entscheiden.

5.3
Die Berufsausbildung

Etwas von der Pike auf lernen.

1 Wie geht es weiter?

5.1 Schule fertig – was jetzt?

Je näher der Zeitpunkt der Schulentlassung rückt, desto öfter stellen sich Jugendliche die Frage: Und nach der Schule – was kommt dann? Arbeiten oder eine Ausbildung machen? Welcher Weg ist der Richtige 1 ?

Wer sich durch Zeitungen und Fernsehen informiert, begegnet oft dem Begriff „Fachkräftemangel". Was bedeutet das?

> **Bestimmte Arbeitsplätze können nicht mit entsprechend qualifizierten bzw. ausgebildeten Mitarbeitern besetzt werden.**

Unternehmen sind bestrebt, möglichst gut ausgebildete Mitarbeiter einzustellen. Deshalb nimmt die Bedeutung einer guten Ausbildung zu. Die Zahl der Arbeitsplätze für Ungelernte dagegen nimmt stetig ab. Jeder der sich also entscheiden muss, sollte sich dieser Tatsache bewusst sein.

Es gibt immer einen Weg

Nicht für jeden Jugendlichen läuft der Übergang in Ausbildung und Beruf glatt und problemlos. Ursachen für solche Startschwierigkeiten sind z. B.:

- schlechte Schulnoten,
- nicht erreichter Schulabschluss,
- mangelnde Ausbildungsreife,
- fehlende Ausbildungsplätze.

Meist ist deshalb trotz großer Bemühungen kein Ausbildungsplatz oder auch Arbeitsplatz zu bekommen.

Das ist aber noch lange kein Grund, den Kopf in den Sand zu stecken. Das Gute ist – es gibt zahlreiche Möglichkeiten zur Überwindung dieser Schwierigkeiten. Solche Starthilfen dienen als Wegweiser und Brücken in die Arbeitswelt.

> **Aber – über die Brücke muss schon jeder selbst gehen.**

Schule fertig – was jetzt?

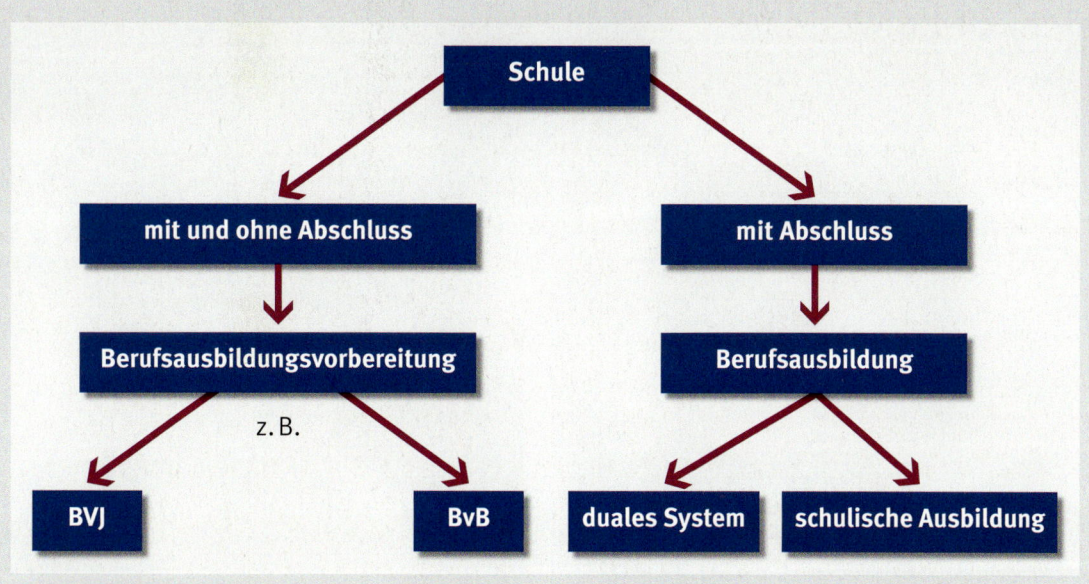

2 Wege in einen Beruf

Dazu ist es wichtig zu wissen

- welche Brücken und Wege es gibt und
- wohin sie führen.

Jeder neu beschrittene Weg eröffnet wiederum neue Möglichkeiten sich fortzubilden, weitere Abschlüsse zu erlangen – die Karriereleiter zu erklimmen. Bildung ist keine Sackgasse 3 .

3 Bildung – keine Sackgasse

Auch wenn zunächst kein Ausbildungsplatz oder Arbeitsplatz in Sicht ist – aufgeben und verzagen gilt nicht.

> **Jeder hat seine Chancen – er muss sie nur kennen, ergreifen und nutzen!**

Welche Wege gibt es?

Von der Schule in den Beruf und damit zu einem Arbeitsplatz gibt es mehrere mögliche Wege 2 . Für alle, die noch keinen Ausbildungsplatz finden konnten oder noch nicht wissen, was sie wollen, bieten die Maßnahmen der Berufsausbildungsvorbereitung eine gute Chance.

> **Am Ende einer solchen Maßnahme haben sich die Chancen auf einen Ausbildungsplatz oftmals verbessert.**

Wer sich für eine Berufsausbildung entscheidet, beginnt je nach angestrebtem Beruf, entweder

- eine duale Ausbildung oder
- eine schulische Ausbildung.

Für beide Wege ist es gut, einen Schulabschluss zu haben. Die Unternehmen wählen aus den Bewerbern eher solche mit Schulabschluss aus. Je höher, desto besser.

1 Jugendliche in der BAV üben für den Schulabschluss

2 Jugendliche in der BAV testen ihre Stärken

5.2 Vorbereiten auf Ausbildung und Beruf

Berufsausbildungsvorbereitung

Für Jugendliche ohne Ausbildungsplatz gibt es nach der Schule zahlreiche Möglichkeiten zur Vorbereitung auf eine Berufsausbildung.

> Das sind die Maßnahmen der Berufsausbildungsvorbereitung (BAV).

Die wichtigsten in Deutschland sind:

- das Berufsvorbereitungsjahr (BVJ) und
- die Berufsvorbereitenden Bildungsmaßnahmen (BvB).

Jeder Jugendliche ist einzigartig. Jeder bringt jeweils andere Voraussetzungen mit und muss anders gefördert werden. Die Maßnahmen der BAV sind darauf abgestimmt und haben daher sehr unterschiedliche Inhalte und dauern auch unterschiedlich lange.

Aber in allen Maßnahmen haben Jugendliche die Möglichkeit,

- vorhandene Lücken in der Allgemeinbildung zu schließen,
- nachträglich einen Schulabschluss zu erwerben bzw. zu verbessern 1 und
- erste berufliche Erfahrungen im Praktikum zu sammeln.

Außerdem gibt es die Möglichkeit, verschiedene Berufsfelder auszuprobieren 2 . Je nach Maßnahme sind das zwei oder drei.

> Die Maßnahmen der BAV ersetzen aber keine Ausbildung. Sie bereiten auf eine Ausbildung vor.

AUFGABE

1. „Berufsausbildungsvorbereitung" ist ein zusammengesetztes Substantiv (Nomen). Zerlegen Sie das Wort. Erklären Sie damit seine Bedeutung in einem Satz.

Vorbereiten auf Ausbildung und Beruf

3 Jugendliche im BVJ

4 BAB beantragen

Allgemeine Schulpflicht
Beginn: mit Vollendung des 6. Lebensjahres
Ende: nach 9 bzw. 10 Jahren Schulbesuch

Berufsschulpflicht
Beginn: mit Ende der allgemeinen Schulpflicht
Ende: nach abgeschlossener Berufsausbildung/12 Jahren Schulbesuch oder 1 Vollzeitjahr Berufsschule

* Die Regelungen können in einzelnen Bundesländern abweichen.

Berufsvorbereitungsjahr (BVJ)

Das Berufsvorbereitungsjahr findet an beruflichen Schulen statt und dauert ein Jahr. Es richtet sich an schulpflichtige Jugendliche 3 unter 18 Jahren

- ohne Ausbildungsplatz bzw. Arbeitsstelle,
- ohne Schulabschluss bzw. nur mit schlechtem Schulabschluss.

Die Jugendlichen bekommen berufliches Grundwissen in ein bis drei Berufsfeldern vermittelt. Außerdem können sie ihren Hauptschulabschluss nachholen oder verbessern.

Für diese Maßnahme muss kein Schulgeld bezahlt werden. Eine Ausbildungsvergütung gibt es nicht – auch nicht im Praktikum. Im Anschluss an das BVJ ergeben sich mehrere Möglichkeiten, z. B.

- Beginn einer Ausbildung,
- Aufnahme in eine Berufsfachschule,
- Berufsvorbereitende Bildungsmaßnahmen.

Berufsvorbereitende Bildungsmaßnahme (BvB)

Die Berufsvorbereitende Bildungsmaßnahme ist für Jugendliche und junge Erwachsene unter 25 Jahren gedacht. Sie müssen die allgemeine Schulpflicht erfüllt haben, dürfen aber noch keine abgeschlossene Berufsausbildung haben.

Die BvB ist ein Angebot der Agentur für Arbeit und wird auch durch diese gefördert.

Die Agentur für Arbeit bezahlt die Teilnahmekosten, eine Berufsausbildungsbeihilfe (BAB) 4 und anfallende Fahrtkosten.

Die Dauer der Maßnahme ist auf die Jugendlichen abgestimmt, dauert aber in der Regel nicht länger als 11 Monate. Sie dient der Berufsorientierung und der Berufsfindung.

Die Aufnahme einer Berufsausbildung oder einer Tätigkeit in einem Betrieb ist jederzeit, auch während der Maßnahme, möglich.

1 Duale Ausbildung

AUFGABE

1. Es gibt einige Berufe mit einer Ausbildungsdauer von zwei Jahren. Informieren Sie sich über
a) den Teilezurichter,
b) die Fachkraft im Gastgewerbe,
c) den Pflegehelfer.

2. Stellen Sie Ihre Ergebnisse vor.

3. Im Begriff „dual" steckt die Zahl zwei. In welchen Ihnen bekannten Wörtern spielt diese Zahl auch eine Rolle?

5.3 Die Berufsausbildung

Zwei Ausbildungsorte

Die am häufigsten gewählte Form der Berufsausbildung ist die duale Ausbildung. Hier wirken zwei Partner zusammen 1 :

- der Ausbildungsbetrieb und
- die Berufsschule.

Im Ausbildungsbetrieb findet hauptsächlich der praktische Teil der Ausbildung statt. Vermittelt werden Fähigkeiten und Fertigkeiten speziell für den Beruf.

Die Fachtheorie wird in der Berufsschule vermittelt. Das sind die Kenntnisse für den zukünftigen Beruf. Aber auch allgemein bildende Fächer gehören zum Stundenplan, z. B.:

- Deutsch,
- Fremdsprachen,
- Sport.

Der Unterricht an der Berufsschule kann an ein oder zwei Tagen wöchentlich oder als Blockunterricht mehrere Wochen hintereinander stattfinden. Die verbleibenden Wochentage und die unterrichtsfreie Zeit gehören dem Ausbildungsbetrieb.

Die Dauer der Ausbildung richtet sich nach dem jeweiligen Ausbildungsberuf. Sie beträgt zwischen zwei und dreieinhalb Jahren.

> **Jugendliche in der dualen Ausbildung erhalten vom Ausbildungsbetrieb eine Ausbildungsvergütung.**

Diese ist für alle Ausbildungsberufe unterschiedlich. Aber sie erhöht sich mit jedem Ausbildungsjahr.

> **Für die Ausbildungszeit kann Berufsausbildungsbeihilfe (BAB) beantragt werden.**

Außerdem müssen auch Prüfungen abgelegt werden, z. B. die Abschlussprüfung am Ende der Ausbildung.

Die Berufsausbildung

2 Schulische Ausbildung

AUFGABE

4. In den Medien wird oft über das Thema Pflege/Altenpflege berichtet.
a) Nennen Sie Pflegeberufe.
b) Verfolgen Sie solche Nachrichten.
c) Berichten Sie in Ihrer Gruppe davon.

5. Suchen Sie im Internet unter www.berufenet.arbeitsagentur.de die Steckbriefe zu Pflegeberufen.

a) Untersuchen Sie die beruflichen Anforderungen. Welche Gemeinsamkeiten können Sie feststellen?

b) Überprüfen Sie sorgfältig, ob diese Anforderungen zu Ihnen passen könnten.

Ein Ausbildungsort

Neben der dualen Ausbildung gibt es die Möglichkeit der schulischen Berufsausbildung 2.

Theoretisches Wissen und praktische Fertigkeiten werden ausschließlich in der Schule – im Vollzeitunterricht vermittelt. In mehreren Praktika erlernen die Schüler die notwendigen praktischen beruflichen Kenntnisse und Fertigkeiten.

Für die Ausbildungszeit wird in den meisten Fällen keine Ausbildungsvergütung gezahlt.

Die Ausbildung in staatlichen Schulen ist kostenlos. In Privatschulen muss in den meisten Fällen Schulgeld bezahlt werden. Für die Zeit der schulischen Ausbildung ist die finanzielle Unterstützung nach dem Bundesausbildungsförderungsgesetz (BAföG) möglich.

Dieser Zuschuss ist vom Einkommen der Eltern abhängig.

Wer eine schulische Berufsausbildung anstrebt, muss sich direkt bei der Schule bewerben. Die Schulen haben oft feste Anmeldetermine.

Die schulische Berufsausbildung dauert je nach Ausbildungsberuf zwischen einem und drei Jahren. Die Ausbildung endet mit einem staatlichen oder staatlich anerkannten Abschluss.

Manchmal ist nach der Prüfung noch ein Anerkennungsjahr abzuleisten.

Die schulische Berufsausbildung ist der dualen Ausbildung gleichgestellt.

Egal, welcher Weg, dual oder schulisch – eine abgeschlossene Berufsausbildung ist die Voraussetzung für weiterführende Maßnahmen, z. B. die Ausbildung zum Meister oder Techniker.

Eine abgeschlossene Berufsausbildung sichert das berufliche Fortkommen.

ZUSAMMENFASSUNG

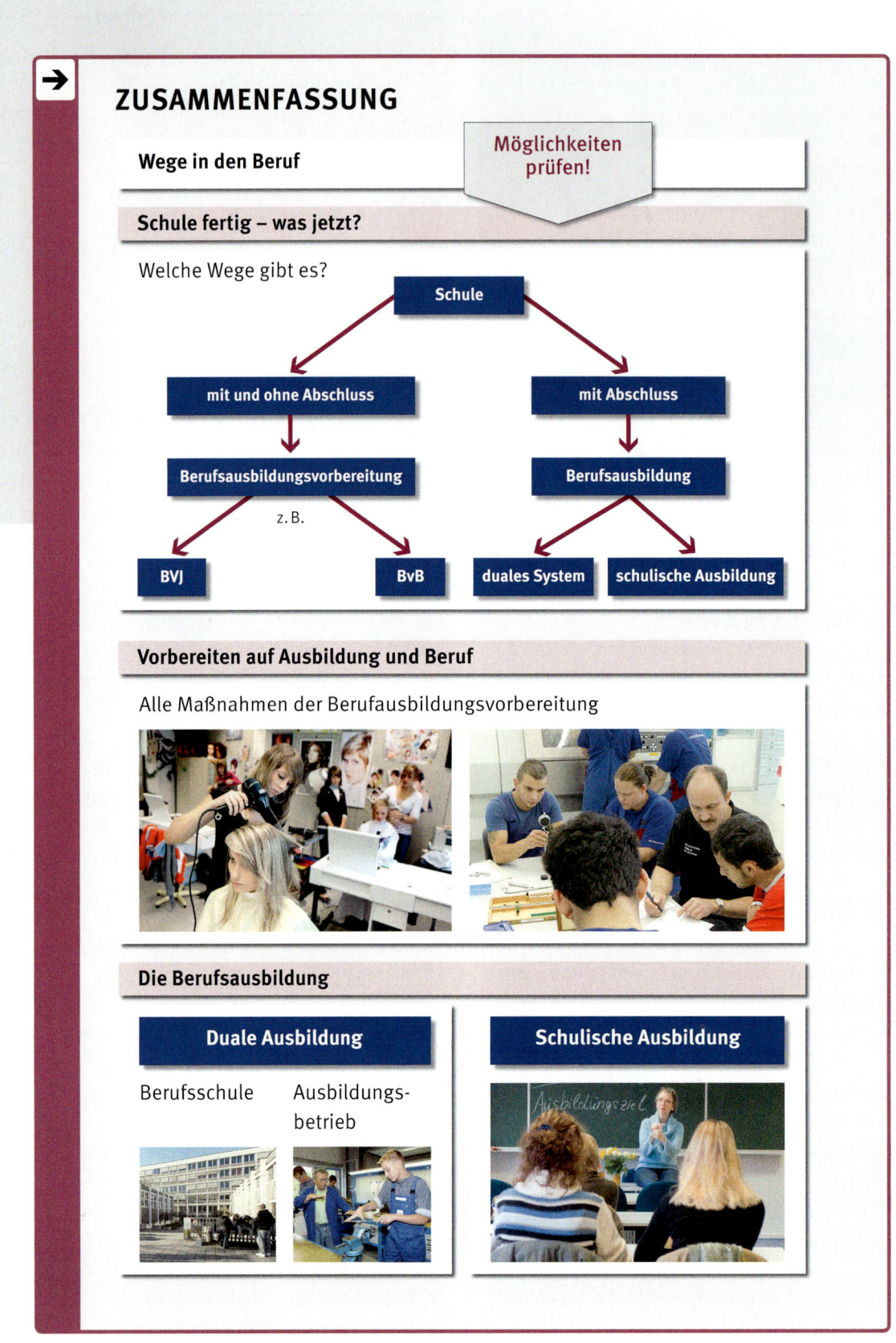

Wege in den Beruf

> Möglichkeiten prüfen!

Schule fertig – was jetzt?

Welche Wege gibt es?

- Schule
  - mit und ohne Abschluss
    - Berufsausbildungsvorbereitung
      - z. B.
        - BVJ
        - BvB
  - mit Abschluss
    - Berufsausbildung
      - duales System
      - schulische Ausbildung

Vorbereiten auf Ausbildung und Beruf

Alle Maßnahmen der Berufausbildungsvorbereitung

Die Berufsausbildung

Duale Ausbildung

Berufsschule   Ausbildungsbetrieb

Schulische Ausbildung

Alles was Recht ist   6

6.1 Berufsausbildung nur mit Vertrag

Einen Vertrag abschließen heißt „sich vertragen".

6.2 Der Arbeitsvertrag

Die Zeit spielt eine große Rolle.

6.3 Arbeitsschutz für alle

Gesundheit!

6.4 Die Arbeitswelt mitgestalten

Rechte kennen – nutzen – durchsetzen

1 Zwei Vertragspartner

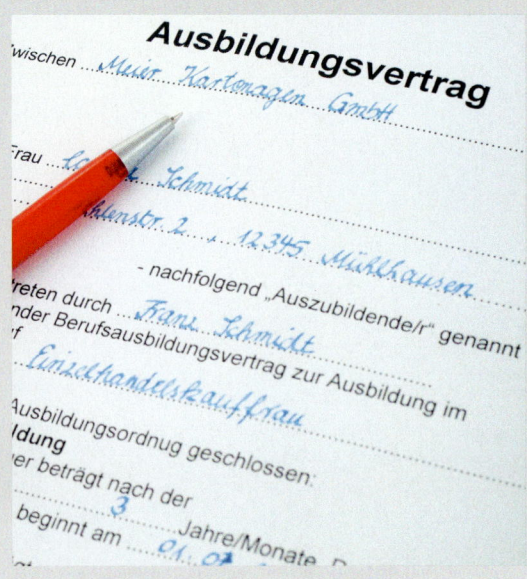

2 Ein Ausbildungsvertrag – immer schriftlich

6.1 Berufsausbildung nur mit Vertrag

Überall und ständig werden heute Verträge geschlossen. Schon der Kauf einer Kinokarte ist ein Vertrag – ein Kaufvertrag.
Jeder, der eine Wohnung mietet, schließt einen Mietvertrag. Der Besuch beim Friseur um die Ecke wird zum Dienstleistungsvertrag.

Wer eine Ausbildung antritt, hat zuvor einen Vertrag unterschrieben – den Ausbildungsvertrag. Für einen Arbeitsplatz gibt es den Arbeitsvertrag.

Aber was sind eigentlich Verträge und warum werden sie geschlossen?

Jeder weiß, dass Verträge einzuhalten sind. Bricht ein Vertragspartner die Verabredungen, hat das Folgen. Wer also Bescheid weiß im Vertragsrecht, ist im Vorteil. Deshalb lohnt sich ein Ausflug in die Welt der Verträge. Also, auf geht's.

Wozu ein Vertrag gut ist

Ein Vertrag ist eine Vereinbarung zwischen mindestens zwei Parteien 1 . Beim Berufsausbildungsvertrag heißen die Vertragspartner

- Auszubildender und
- Ausbildender – das ist der Ausbildungsbetrieb.

Der Vertrag wird immer vor dem Beginn der Ausbildung abgeschlossen.

> **Ein Ausbildungsvertrag muss grundsätzlich in schriftlicher Form vorliegen** 2 .

Das Wort „Vertrag" ist verwandt mit dem Wort „vertragen". Der Abschluss eines Vertrages sorgt für Klarheit, denn alle Regelungen werden gemeinsam von den Vertragspartnern beschlossen.

Jeder weiß nun, was er zu tun oder zu lassen hat. Dadurch wird unnötiger Streit vermieden – die Vertragspartner wollen sich vertragen.

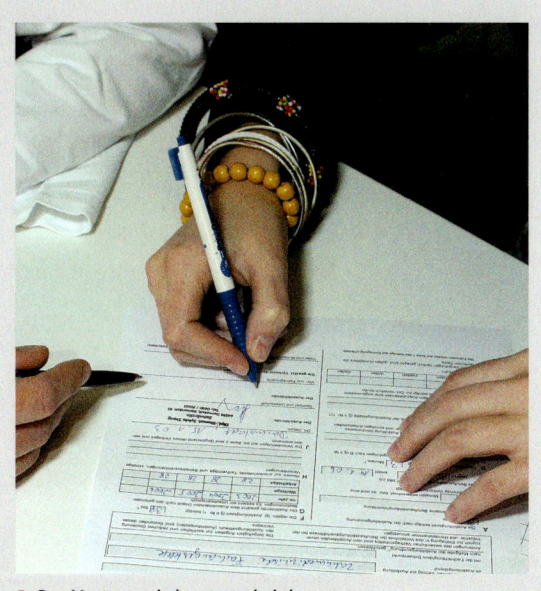

3 Der Vertrag wird unterschrieben

4 Den Vertrag gründlich lesen

Inhalte des Berufsausbildungsvertrages

Was steht eigentlich in so einem Vertrag? Welche Angaben mindestens in einem Ausbildungsvertrag stehen müssen, ist gesetzlich geregelt im Berufsbildungsgesetz (BBiG):

- die Namen und Anschriften der Vertragspartner,
- die Bezeichnung des Ausbildungsberufes,
- Beginn und Dauer der Berufsausbildung,
- Rechte und Pflichten der Vertragspartner,
- das Ziel der Berufsausbildung,
- die Dauer der täglichen Ausbildungszeit,
- die Dauer der Probezeit,
- die Höhe der Ausbildungsvergütung,
- die Dauer des Urlaubs je Ausbildungsjahr,
- die Kündigungsvoraussetzungen.

Die Vertragsparteien besiegeln durch Ihre Unterschrift den Vertrag 3 .

Vor der Unterzeichnung muss der Ausbildungsvertrag gründlich gelesen und auch in allen Punkten verstanden werden 4 .

Bei Jugendlichen unter 18 Jahren sind die Zustimmung und Unterschrift der Eltern bzw. der Erziehungsberechtigten zum Ausbildungsvertrag erforderlich 5 .

5 Die Eltern stimmen dem Vertrag zu

AUFGABE

1. Überlegen Sie, welche Personen Sie um Hilfe bitten können beim Ausfüllen und Prüfen des Ausbildungsvertrages.

2. Üben Sie das Ausfüllen eines Ausbildungsvertrages.

1 Schonender Umgang Maschinen

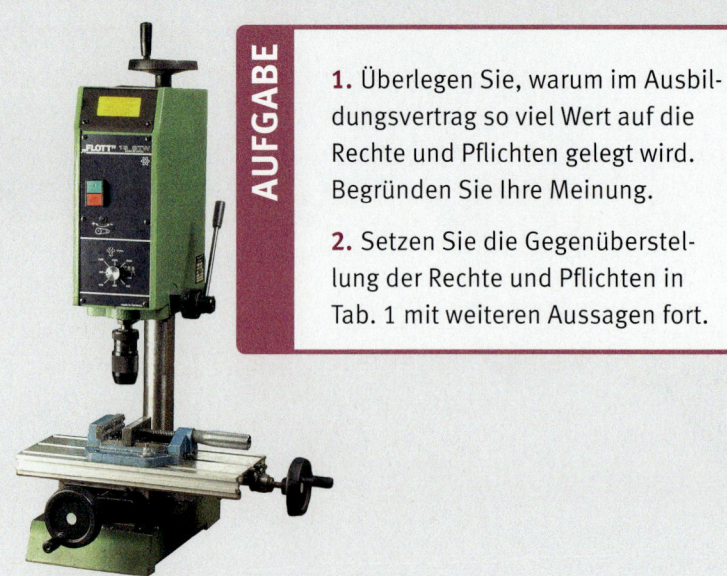

2 Maschinen werden zur Verfügung gestellt

AUFGABE

1. Überlegen Sie, warum im Ausbildungsvertrag so viel Wert auf die Rechte und Pflichten gelegt wird. Begründen Sie Ihre Meinung.

2. Setzen Sie die Gegenüberstellung der Rechte und Pflichten in Tab. 1 mit weiteren Aussagen fort.

Einen breiten Raum im Berufsausbildungsvertrag nehmen die Rechte und Pflichten (Tab. 1) der Vertragspartner ein.

Dabei zeigt sich, dass die Rechte des einen Partners den Pflichten des anderen Partners entsprechen.

Tab. 1: Rechte und Pflichten (Auszug)

Der Auszubildende ...			Der Ausbildende ...		
hat das Recht ...	⇔	hat die Pflicht ...	hat die Pflicht ...	⇔	hat das Recht ...
auf gründliche Ausbildung und qualifizierte Ausbilder	⇔	sorgfältig und gewissenhaft die übertragenen Aufgaben auszuführen	dafür zu sorgen, dass das Ausbildungsziel erreicht wird	⇔	vom Azubi die sorgfältige und gewissenhafte Ausführung der übertragenen Aufgaben zu verlangen
auf kostenlose Bereitstellung der Arbeitsmittel	⇔	schonend mit Werkzeug, Maschinen und Material umzugehen 1	die Arbeitsmittel kostenlos bereitzustellen 2	⇔	auf schonenden Umgang mit Werkzeug, Maschinen und Material
für den Besuch der Berufsschule und zu Prüfungen freigestellt zu werden	⇔	am Berufsschulunterricht und an Prüfungen teilzunehmen	den Auszubildenden zum Besuch der Berufsschule anzuhalten	⇔	dass der Auszubildende die Berufsschule regelmäßig besucht und seine Lernpflicht erfüllt

3 Ob das was wird?

AUFGABE

4. Bei Bild 3 handelt es sich um eine Karikatur. Das ist eine übertrieben komische Darstellung, z. B. von Personen.

a) Betrachten Sie das Bild genau.

b) Beschreiben Sie die Körperhaltung und den Gesichtsausdruck der beiden Personen.

c) Welche Stimmung herrscht zwischen den Personen?

Was passiert mit dem Vertrag?

Nach der Unterzeichnung wird der Vertrag vom Ausbildungsbetrieb an die zuständige **Kammer** weitergeleitet, z. B. die Industrie- und Handelskammer. Diese prüft, ob

- die ausbildende Person persönlich und fachlich geeignet ist,
- der Ausbildungsbetrieb geeignet ist und
- der Vertrag den gesetzlichen Vorgaben entspricht.

Sind alle Bedingungen erfüllt, wird der Vertrag in das Verzeichnis der Berufsausbildungsverhältnisse – die **Lehrlingsrolle** – eingetragen. Damit ist der Vertrag gültig.

AUFGABE

3. Recherchieren Sie, welche Kammern die zuständige Stelle sind für
- Handwerksbetriebe,
- landwirtschaftliche Betriebe,
- Dienstleistungsbetriebe.

Die Probezeit

Die Ausbildung beginnt immer mit einer Probezeit. Während dieser Zeit kann der Auszubildende prüfen, ob er den richtigen Beruf und den passenden Ausbildungsbetrieb gefunden hat.

Ebenso hat der Ausbildende die Gelegenheit, zu prüfen, ob der Auszubildende die Erwartungen erfüllt.

▌ **Die Probezeit darf mindestens einen Monat und höchstens vier Monate dauern.**

AUFGABE

5. „Probieren geht über studieren", sagt ein Sprichwort.
Was könnte mit dem Sprichwort gemeint sein?

6. Nennen Sie weitere Ihnen bekannte Sprichwörter und Redewendungen, in denen die Wörter Probe oder probieren stecken.

Tab. 1: Verkürzung der normalen Ausbildungszeit auf die Mindestausbildungszeit

reguläre Ausbildungszeit	Mindestausbildungszeit
3 1/2 Jahre	24 Monate
3 Jahre	18 Monate
2 Jahre	12 Monate

1 Die Ausbildung wird verlängert

Die Berufausbildung verkürzen

Eine Berufsausbildung dauert im Normalfall so lange, wie im Ausbildungsvertrag festgelegt. Das sind zwei bis dreieinhalb Jahre.

Die Ausbildungszeit kann unter bestimmten Voraussetzungen auf Antrag verkürzt werden, z. B.

- bei einer höheren Vorbildung,
- bei mehreren Jahren Arbeit im Berufsfeld,
- bei besonders guten Leistungen ...

Auszubildender und Ausbildender müssen mit der Verkürzung der Ausbildungszeit einverstanden sein. Eine Mindestausbildungszeit muss allerdings eingehalten werden (Tab. 1).

Die Motive für eine Verkürzung sind klar. Schnell an mehr Geld zu kommen, ist natürlich reizvoll. Trotzdem sollten mögliche Kandidaten gut überlegen und abwägen: Gibt es einen zukünftigen Arbeitsplatz oder steht man nach der Ausbildung ohne Arbeit da?

Die Berufausbildung verlängern

Wird die Abschlussprüfung nicht bestanden, ist das kein Beinbruch 1. Die Ausbildung verlängert sich dann automatisch bis zur Wiederholungsprüfung – aber längstens für ein Jahr.

Verlängert wird auch, wenn der Auszubildende wegen einer Krankheit nachweislich nicht an der Abschlussprüfung teilnehmen kann.

Fällt ein Auszubildender dreimal durch die Abschlussprüfung, ist die Ausbildung beendet – leider ohne Abschluss.

Wenn die Gefahr besteht, dass das Ausbildungsziel nicht erreicht werden kann, z. B. durch

- lange Krankheit des Azubis oder
- grobe Mängel in der Ausbildung

kann eine Verlängerung der Ausbildungszeit bei der zuständigen Kammer schriftlich beantragt werden.

Tab. 2: Kündigung des Ausbildungsverhältnisses

durch den Auszubildenden	durch den Ausbildenden
Krankheit, z. B. Allergie	Diebstahl, Unterschlagung
Nichtzahlung der Ausbildungsvergütung	körperliche Gewalt
Mobbing	Arbeitsverweigerung
körperliche Gewalt	Beleidigung
sexuelle Belästigung	wiederholte Unpünktlichkeit

2 Überreichung des Ausbildungszeugnisses

Die Berufausbildung beenden

Irgendwann geht auch die Zeit der Ausbildung ihrem Ende entgegen. Mit der bestandenen Abschlussprüfung endet die Ausbildung automatisch. Sie kann aber auch schon vorzeitig beendet werden, durch

- einen Aufhebungsvertrag oder
- eine Kündigung.

Mit einem Aufhebungsvertrag müssen beide Vertragspartner einverstanden sein. Bei Azubis unter 18 Jahren müssen auch die Eltern zustimmen.
Mögliche Gründe für eine Aufhebung des Ausbildungsverhältnisses sind:

- der Wechsel des Ausbildungsplatzes,
- drohende Kündigung,
- der Auszubildende bewältigt die Anforderungen der Ausbildung nicht ...

Ein Aufhebungsvertrag ist nur nach der Probezeit möglich.

In der Probezeit kann das Ausbildungsverhältnis vom Auszubildenden und vom Ausbildenden gekündigt werden

- jederzeit,
- ohne Einhaltung von Fristen und
- ohne Angabe von Gründen.

Ist die Probezeit vorüber, kann eine Kündigung von beiden Seiten nur noch aus wichtigem Grund ausgesprochen werden (Tab. 2). Vor einer Kündigung durch den Ausbildenden muss der Auszubildende zweimal abgemahnt werden.

Mit einer Abmahnung soll der Auszubildende auf Fehlverhalten und Pflichtverletzungen hingewiesen werden.
Eine Abmahnung kann mündlich oder schriftlich erfolgen.

Wie auch immer eine Berufausbildung endet – ein Auszubildender hat immer Anspruch auf ein Ausbildungszeugnis vom Ausbildungsbetrieb 2 .

1 Schriftlicher Arbeitsvertrag

AUFGABE

1. a) Unterscheiden Sie die Begriffe Zeitpunkt und Zeitspanne.

b) Zeichnen Sie Zeitpunkt und Zeitspanne auf einem Zeitstrahl ein.

6.2 Der Arbeitsvertrag

Befristet und unbefristet

Nach Abschluss der Schulzeit oder nach der Ausbildungszeit kann in der Regel eine Arbeitsstelle angetreten werden.
Auch hier geht es nicht ohne einen Vertrag – den Arbeitsvertrag.

▌ **Der Arbeitsvertrag muss schriftlich geschlossen werden** 1 .

Vertragspartner sind in diesem Fall der einzelne Arbeitnehmer und der Arbeitgeber.

Es wird unterschieden zwischen

- befristeten und
- unbefristeten Arbeitsverträgen.

Bei Antritt einer Arbeitsstelle gibt es ebenfalls eine Probezeit. Sie darf höchstens sechs Monate betragen.

Gerade im Anschluss an die Ausbildung oder bei Neueinstellung werden häufig befristete Arbeitsverträge angeboten.

Befristet bedeutet, dass das Arbeitsverhältnis für eine bestimmte Zeitspanne, mit Anfang und Ende geschlossen wird.

▌ **Die maximale Dauer befristeter Arbeitsverträge beträgt 24 Monate.**

Befristete Arbeitsverträge dürfen verlängert werden, aber nur zweimal. Danach werden sie automatisch in unbefristete Arbeitsverträge umgewandelt.

Unbefristet heißt, es gibt einen Beginn, aber kein vorausbestimmtes Ende. Der Vertrag gilt solange, bis er beendet wird

- von einem oder
- von beiden Vertragspartnern.

Für die Beendigung von Arbeitsverträgen gibt es gesetzliche Vorschriften.

Tab. 1: Kündigung

	fristgerechte		fristlose		Änderungs-...
Wer kündigt?	Arbeitnehmer	Arbeitgeber	Arbeitnehmer	Arbeitgeber	Arbeitgeber/ Arbeitnehmer
Fristen	vier Wochen zum 15. des Monats oder zum Monatsende.	bei Beschäftigten über 25 Jahren je nach Dauer der Betriebszugehörigkeit	keine	keine	keine
Gründe			sexuelle Belästigung, Nichtzahlung des Arbeitsentgelts, Mobbing.	Diebstahl, Arbeitsverweigerung, Verrat von Betriebsgeheimnissen.	Arbeitsbedingungen ändern sich, neues Tätigkeitsfeld

Das Arbeitverhältnis beenden

Arbeiten an einem Arbeitsplatz bis zur Rente? Das gibt es heute selten. Gründe können sein:

- eine bessere Arbeit mit mehr Geld,
- der Betrieb entlässt Mitarbeiter,
- der Betrieb wird geschlossen.

Es gibt folgende Möglichkeiten, ein Arbeitsverhältnis zu beenden:

- ein befristeter Vertrag läuft aus,
- einer der Vertragspartner kündigt oder
- beide Seiten einigen sich auf einen Aufhebungsvertrag.

Bei einem befristeten Vertrag endet das Arbeitsverhältnis zu einem bei Vertragsabschluss vereinbarten Zeitpunkt. Eine Kündigung ist dazu nicht notwendig.

Bei einer Kündigung möchte entweder der Arbeitnehmer oder der Arbeitgeber das Vertragsverhältnis beenden.

Es gibt drei Kündigungsarten:

- die fristgerechte Kündigung,
- die fristlose Kündigung und
- die Änderungskündigung.

Bei einer fristgerechten Kündigung sind bestimmte Kündigungsfristen einzuhalten.

Fristlos kündigen können Arbeitnehmer und Arbeitgeber nur in besonders schwerwiegenden Fällen (Tab.1).

Eine Kündigung muss immer in schriftlicher Form erfolgen.

Bei einem Aufhebungsvertrag sind sich beide Vertragspartner einig. Beide wollen das Arbeitsverhältnis nicht fortzusetzen. Es müssen keine Fristen eingehalten werden.

Wird ein Arbeitsverhältnis beendet, hat ein Arbeitnehmer Anspruch auf ein Arbeitszeugnis. Dabei spielt die Art der Beendigung, z.B. Aufhebungsvertrag, keine Rolle.

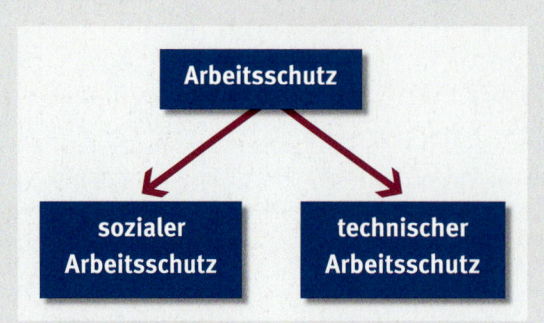

1 Zwei Bereiche für den Schutz

2 Fliesen legen im Akkord – für Jugendliche nicht erlaubt

6.3 Arbeitsschutz für alle

Sozialer Arbeitsschutz

Wirkungsvoller Arbeitsschutz und Unfallvermeidung sind in einer immer schnelleren und anspruchsvolleren Arbeitswelt unumgänglich.

> Ziel ist es, die Beschäftigten vor Gefahren und gesundheitlichen Schädigungen zu schützen.

Voraussetzung dafür sind Gesetze. Diese lassen sich in zwei Bereiche 1 unterteilen.

- sozialer Arbeitsschutz und
- technischer Arbeitsschutz

Der soziale Arbeitsschutz enthält Schutzbestimmungen

- für bestimmte Personengruppen, z. B. Jugendliche oder werdende Mütter und
- zur Lage und Dauer der Arbeitszeit.

Jugendarbeitsschutzgesetz (JArbSchG)

Minderjährige Auszubildende und Arbeitnehmer sind besonders geschützt durch das Jugendarbeitsschutzgesetz. Insbesondere schützt es sie vor Arbeit, die

- zu früh beginnt,
- zu lange dauert,
- zu schwer ist,
- sie körperlich und psychisch gefährdet,
- für sie ungeeignet ist 2 .

Diese Schutzbestimmungen sind notwendig, weil entsprechende Belastungen im jugendlichen Alter zu nicht mehr zu behebenden Schäden führen.

An die Einhaltung der Bestimmungen des Jugendarbeitsschutzgesetzes sind beide Seiten – der Arbeitgeber und der Jugendliche – rechtlich gebunden.

Im Falle eines Verstoßes werden deshalb auch beide bestraft.

Arbeitsschutz für alle

3 Geschützt durch das Gesetz

4 Besondere Ausstattung

Mutterschutzgesetz (MuSchG)

Besonderen Schutz genießen Schwangere 3 und Frauen nach der Geburt durch das Mutterschutzgesetz.

Das Gesetz gilt für alle Frauen in

- einem Arbeitsverhältnis,
- Heimarbeit,
- Teilzeitbeschäftigung,
- einem Ausbildungsverhältnis.

Sowohl für die werdende Mutter als auch für das ungeborene Kind sind körperliche Belastungen gefährlich. Deshalb sind besondere Schutzbestimmungen notwendig:

- keine schwere körperliche Arbeit,
- keine gesundheitsschädigende Arbeit,
- keine Akkordarbeit.

Werdende Mütter dürfen in den letzten sechs Wochen vor der Entbindung und acht Wochen nach der Geburt nicht beschäftigt werden.

Schwerbehindertengesetz (SchwbG)

Schwerbehindert sind Personen, die körperlich, geistig oder seelisch behindert sind. Wegen ihrer Behinderung sind sie um mindestens 50 Prozent in ihrer Leistungsfähigkeit gemindert. Sie genießen den besonderen Schutz und die besondere Fürsorge des Staates. Für die Erwerbstätigkeit bedeutet dies:

- Arbeitgeber müssen einen bestimmten Anteil an Schwerbehinderten in ihrer Belegschaft beschäftigen.
- Oft müssen dafür die Arbeitsplätze besonders ausgestattet werden. 4

AUFGABE

1. Beschreiben Sie, welche besonderen Vorrichtungen geschaffen werden müssen, wenn der Beschäftigte z. B.
- Rollstuhlfahrer ist,
- stark sehbehindert ist,
- hörbehindert ist.

1 Arbeitszeit und Pause

2 Urlaub

Arbeitszeitgesetz (ArbZG)

Für das Wohlbefinden von Beschäftigten ist der Wechsel zwischen Arbeit und Freizeit entscheidend.
Das Arbeitszeitgesetz gibt für Arbeitnehmer und Arbeitgeber einen äußeren Rahmen vor. Es regelt die

- maximale tägliche Arbeitszeit,
- die Sonn- und Feiertagsarbeit,
- Pausen und
- Ruhezeiten **1**.

AUFGABE

1. Recherchieren Sie im Internet:

a) Wie lange darf laut Arbeitszeitgesetz maximal täglich gearbeitet werden?

b) Welche Regelungen gelten für die Sonn- und Feiertagsarbeit?

c) Erklären Sie den Unterschied zwischen Pause und Ruhezeit.

Bundesurlaubsgesetz (BUrlG)

Urlaub ist „bezahlte Freizeit". Er dient der Erholung von den Belastungen der Arbeit und der Erhaltung der Gesundheit **2**.

> **Es ist deshalb nicht gestattet, sich den Urlaub „auszahlen" zu lassen.**

Der gesetzliche Mindesturlaub beträgt 24 Werktage im Jahr. Wer neu im Betrieb ist, kann erstmals Urlaub machen, wenn er bereits sechs Monate gearbeitet hat. Arbeitnehmer müssen ihre Urlaubsplanung vom Arbeitgeber genehmigen lassen.

AUFGABE

2. Recherchieren Sie, was der Unterschied zwischen Werktag und Arbeitstag ist.

3. In besonderen persönlichen Situationen gewähren Betriebe „Sonderurlaub". Welche können dies sein?

3 Besonderer Kündigungsschutz

4 Absolutes Kündigungsverbot

Tab. 1: Kündigungsgründe

Personen-bedingt	Verhaltens-bedingt	Betriebs-bedingt
• langfristige oder häufige kurzfristige Erkrankung • Abnahme der Leistungsfähigkeit • mangelnde Eignung • fehlende Anpassungsfähigkeit	• Unpünktlichkeit • mangelnde Sorgfalt • Diebstahl • Gewaltanwendung • Mobbing • Alkohol- und Drogenkonsum	• Umstrukturierung des Betriebes • Betriebsverkleinerung • Umsatzrückgang

Kündigungsschutzgesetz (KSchG)

Wer einen Arbeitsplatz hat, will nicht ständig mit der Angst leben, ihn zu verlieren. Denn jeder Beschäftigte möchte mit einem regelmäßigen Einkommen seine monatlichen Ausgaben begleichen können. Jeder braucht auch in seiner Lebensplanung – ob als Single oder in der Familie – eine gewisse Sicherheit.

Durch Gesetze zum Kündigungsschutz werden Arbeitnehmer vor Kündigung im Stil eines „hire and fire" bewahrt.

AUFGABE

4. a) Woher kommt der Begriff „hire and fire"?

b) Formulieren Sie mit eigenen Worten die Bedeutung des Begriffes.

5. Recherchieren Sie, an welche Bedingungen der Kündigungsschutz für Arbeitnehmer und Auszubildende geknüpft ist.

AUFGABE

6. Auszubildende haben bis zu vier Monate Probezeit.
Wie sieht danach ihr Kündigungsschutz aus?

Kündigungsschutz bedeutet nicht, dass sich die Arbeitnehmer nicht an Regeln im Betrieb halten müssen.

Wer die Regeln verletzt, kann sehr wohl gekündigt werden. Außerdem gibt es betriebliche Notwendigkeiten für eine Kündigung (Tab. 1).

Bestimmte Arbeitnehmer erhalten einen besonderen Kündigungsschutz:

- Betriebsratsmitglieder,
- Schwerbehinderte 3,
- Schwangere,
- Mütter 4 (bis 4 Monate nach der Entbindung),
- Auszubildende.

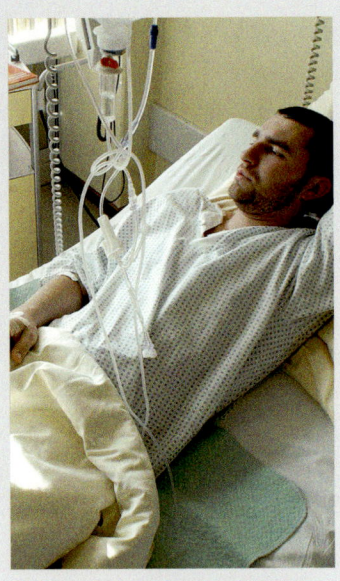

1 Keine Angst bei Arbeitsunfähigkeit

2 Auch an diesem Tag: Entgeltfortzahlung

3 An gesetzlichen Feiertagen gibt's ebenfalls Geld

Entgeltfortzahlung

Im Normalfall erhalten Arbeitnehmer ein Entgelt für ihre geleistete Arbeit. Aber was ist, wenn sie dem Betrieb bei Krankheit nicht zur Verfügung stehen können?
Es ist eine besondere Errungenschaft der Gewerkschaften, dass die Arbeitnehmer dann nicht in Not geraten.

Jeder Arbeitnehmer hat einen Rechtsanspruch auf Entgeltfortzahlung bis zu sechs Wochen, wenn er arbeitsunfähig erkrankt ist 1 . Die Höhe der Entgeltfortzahlung richtet sich nach dem letzten Arbeitsentgelt.

> **AUFGABE**
>
> **1.** Arbeitgeber haben ein Interesse an niedrigen Kosten für die Entgeltfortzahlung. Deshalb fordern sie die Einführung von **Karenztagen**.
>
> a) Was bedeutet dies?
> b) Führen Sie hierzu eine Pro-und-Kontra-Diskussion.

Dauert die Erkrankung länger als sechs Wochen, gibt es Krankengeld von der Krankenkasse. Das ist niedriger als das Arbeitsentgelt. Es bewahrt aber vor dem finanziellen Absturz.

Außerdem wird das Entgelt auch bei Kuren und Heilverfahren weiter bezahlt. Diese dienen dazu, dass der Arbeitnehmer gesundheitlich wieder fit wird und seine ganze Arbeitskraft zurückgewinnt. Davon hat auch der Betrieb etwas.

Es gibt schließlich noch persönliche Hinderungsgründe, bei denen der Betrieb Entgeltfortzahlung gewährt. Das sind:

- Sterbefall/Begräbnis in der Familie,
- Geburt,
- eigene Hochzeit 2 ,
- Arztbesuch,
- schwerwiegende Erkrankung naher Angehöriger (z. B. Kinder unter 8 Jahren).

Auch an gesetzlichen Feiertagen erhalten Arbeitnehmer Arbeitsentgelt 3 **.**

Arbeitsschutz für alle

4 Kennzeichnung der Fluchtwege und des Brandschutzes

5 Schutzbekleidung

6 Gerätesicherheitszeichen

Technischer Arbeitsschutz

Zum technischen Arbeitsschutz gehören alle Schutzmaßnahmen, die für eine sichere Gestaltung der Arbeitsplätze sorgen. Ziel dieser Schutzmaßnahmen ist die Vermeidung von Arbeitsunfällen und Berufskrankheiten.

Dazu gehören Vorschriften

- für eine sichere Arbeitsstätten- und Arbeitsplatzgestaltung, z. B. Kennzeichnung der Fluchtwege, Brandschutz 4 und Erste Hilfe
- für Lärm- und Vibrationsschutz, z. B. das Tragen von Gehörschutz, Abschirmen von Lärmquellen,
- zum Umgang mit Gefahrenstoffen, z. B. die Kennzeichnungspflicht und das Tragen von Schutzkleidung 5,
- zur Geräte- und Produktsicherheit, z. B. das Prüfen von Geräten, Maschinen und Anlagen 6,
- zur Bildschirmarbeit, z. B. Bereitstellung flimmerfreier Bildschirme ...

AUFGABE

2. Berichten Sie über Arbeitsschutzmaßnahmen, die Ihnen im Praktikum begegnet sind:

a) Fluchtwegkennzeichnung
b) Gefahrenstellen (Hinweisschilder)
c) Kennzeichnung von gefährlichen Stoffen

Bei der Verfolgung der Ziele des Arbeitsschutzes haben die Berufsgenossenschaften wichtige Aufgaben:

- Sie unterstützen die Betriebe umfassend,
- erforschen Unfallursachen und
- prüfen technische Arbeitsmittel.

Für den Arbeitsschutz im Betrieb ist grundsätzlich der Arbeitgeber verantwortlich. Aber Auszubildende und Arbeitnehmer müssen mitziehen.

Vorschriften und Regeln nützen nichts, wenn sie nicht eingehalten werden.

1 Betriebsratssitzung

2 Betriebsversammlung

6.4 Die Arbeitswelt mitgestalten

Mitbestimmung im Betrieb

Die Zeit von schutz- und rechtlosen Arbeitnehmern und Auszubildenden ist in Deutschland längst Geschichte. In langen Arbeitkämpfen erstritten sie sich Rechte, die heute bekannt sind unter dem Begriff Mitbestimmung. Von je her haben Arbeitgeber und Arbeitnehmer unterschiedliche Ziele und Interessen:

- Arbeitgeber wollen einen möglichst hohen Produktionserfolg bei möglichst geringen Kosten, also einen hohen Gewinn.
- Arbeitnehmer möchten humane Arbeitsbedingungen, einen sicheren Arbeitsplatz, möglichst viel Geld für die Leistung.

Durch den Gegensatz der Interessen kommt es in Betrieben manchmal zu Konflikten. Diese müssen gelöst werden. Dafür gibt es den Betriebsrat.

Betriebsrat

Der Betriebsrat ist die gesetzliche Vertretung der Belegschaft eines Betriebes. Er verhandelt mit der Unternehmensleitung stellvertretend für die betroffenen Arbeitnehmer.

Die zentrale Aufgabe des Betriebsrates besteht darin, für die Rechte der Arbeitnehmer einzutreten. Dafür nutzt der Betriebsrat

- die Sprechstunden während der Arbeitszeit,
- Betriebsratssitzungen 1 ,
- Betriebsversammlungen 2 und
- Gespräche mit der Unternehmensleitung.

Dabei werden bestimmte Regeln des Umgangs eingehalten. Im Betriebsverfassungsgesetz sind diese Regeln und die Bereiche der Mitbestimmung festgelegt.

> **Betriebsrat und Unternehmensleitung müssen sich an diese gesetzlichen Vorgaben halten.**

Tab. 1: Anzahl der Betriebsratsmitglieder

Anzahl der Wahlberechtigten im Betrieb	Anzahl der Betriebsratsmitglieder
ab 5 bis zu 20	1
21 bis 50	3
51 bis 100	5
101 bis 200	7
ab 201	9

3 Jugend- und Auszubildendenvertretung

Natürlich bedeutet Mitbestimmung nicht, dass die Arbeitnehmer entscheiden, was im Betrieb hergestellt wird. Dies ist Recht des Arbeitgebers. Aber es gibt Bereiche, in denen der Betriebsrat das Recht hat

- zur Mitwirkung (Information, Beratung, Anhörung), z. B. über die wirtschaftliche Lage des Betriebs, bei der Gestaltung der Arbeitsplätze,
- zur Mitbestimmung, z. B. bei Einstellungen oder Versetzungen von Mitarbeitern, bei der Arbeitszeiteinteilung,

Der Betriebsrat wird für vier Jahre gewählt. Die Mitglieder wählen aus ihrer Mitte einen Vorsitzenden.

Ein Betriebsrat kann in jedem Betrieb mit fünf oder mehr wahlberechtigten Arbeitnehmern gewählt werden. Wahlberechtigt sind alle Arbeitnehmer über 18 Jahre.
Wie viele Mitglieder der Betriebsrat hat, hängt von der Anzahl der Wahlberechtigten ab (Tab. 1).

Jugend- und Auszubildendenvertretung

Für Jugendliche und Auszubildende bestehen besondere Interessen und Problemsituationen im Betrieb. Deshalb wird eine Jugend- und Auszubildendenvertretung gewählt in Betrieben mit mindestens fünf

- Auszubildenden unter 25 Jahre und
- Arbeitnehmern unter 18 Jahre.

Es muss allerdings ein Betriebsrat vorhanden sein. Die Wahl findet alle zwei Jahre statt.

> **Diese Vertretung nimmt die Interessen der Auszubildenden und Jugendlichen wahr.**

Die Jugendvertretung arbeitet eng mit dem Betriebsrat des Unternehmens zusammen. Sie kann zu allen Betriebsratssitzungen einen Vertreter entsenden 3 .

Nur über den Betriebsrat sind Beschwerden oder Änderungswünsche bei der Unternehmensleitung möglich.

ZUSAMMENFASSUNG

Rechtliche Grundlagen für Ausbildung und Beruf

Zu beachten!

Berufsausbildungsvertrag

Der Arbeitsvertrag

befristet

von ➡ bis

unbefristet

von ➡ ?

Arbeitsschutz für alle

sozialer Arbeitsschutz
- Personengruppen
- Arbeitszeit

technischer Arbeitsschutz
- Arbeitsplatzgestaltung

Die Arbeitswelt mitgestalten

Mitbestimmung im Betrieb
- Betriebsrat
- Jugend- und Auszubildendenvertretung

Arbeit und Entgelt 7

7.1 Entgelt für geleistete Arbeit

Die Früchte der Arbeit ernten.

7.2 Entgeltformen

Zeit ist Geld, Leistung auch.

7.3 Tarifvertrag

Hier werden keine Kröten geschluckt.

7.4 Entgeltabrechnung

Was bleibt unterm Strich?

1 Hohe Belastung – mehr Lohn?

2 Geringe Belastung – niedriger Lohn?

7.1 Entgelt für geleistete Arbeit

„Entgelt" – ist das Wort richtig geschrieben? Ja, natürlich. Es hat den gleichen Wortstamm wie das Wort „vergelten". Die Leistung der Arbeitnehmer wird mit Geld vergolten.

Jede Arbeit ist anders. Und nicht jeder bekommt das gleiche Arbeitsentgelt. Allerdings ist es auch nicht einfach, die gerechte Höhe für das Arbeitsentgelt zu finden. Dazu muss die geleistete Arbeit bewertet werden. Aber was beeinflusst diese Bewertung? Und wer legt eigentlich die Höhe des Arbeitsentgelts fest?

Schon mancher hat verwundert seine Entgeltabrechnung in den Händen gehalten. Es gibt es einen großen Unterschied zwischen dem Betrag im Arbeitsvertrag und dem, was unterm Strich übrigbleibt. Was hat das zu bedeuten? Wo bleibt der Rest und was wird damit gemacht?

Arbeit bewerten

Wer mehr leistet, sollte auch besser bezahlt werden. Das wäre doch gerecht, oder? Aber, wie erkennt man eine Mehrleistung? Um diese zu erkennen, muss der Arbeitgeber genau ermitteln, vergleichen und bewerten:

- Was kann der Arbeitnehmer?
- Wie hoch ist seine Verantwortung?
- Wie hoch ist die Belastung am Arbeitsplatz?
- Wie sind die Arbeitsbedingungen?

Ein erfolgreicher Schulabschluss und eine abgeschlossene Berufsausbildung finden bei der Höhe des Entgelts Berücksichtigung.

Die Arbeitswelt verändert sich heute so rasch wie noch nie. Wer sich in seinem Beruf weiterbildet, ist für den Betrieb wertvoll. Dieser „Mehrwert" zeigt sich wiederum in der Höhe des Arbeitsentgelts.

Großen Einfluss auf die Entgelthöhe hat die Qualifikation des Arbeitnehmers.

Entgelt für geleistete Arbeit

3 Wind und Wetter ausgesetzt

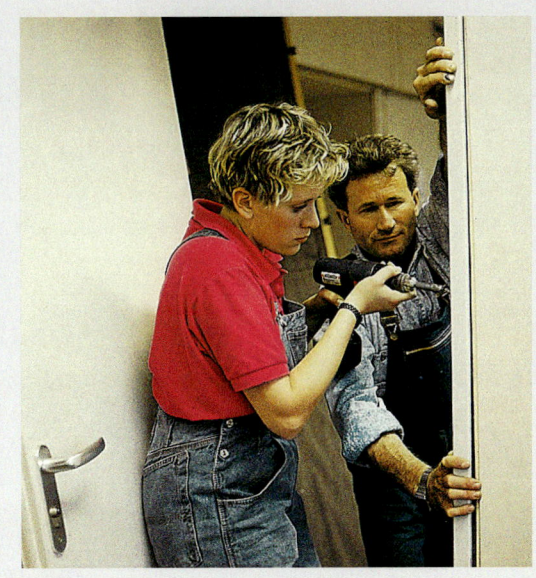

4 Gleicher Lohn?

Wer innerhalb einer Arbeitsgruppe oder des Betriebs Führungsaufgaben besitzt, erhält ebenfalls mehr Geld. Die Verantwortung für die Qualität der Arbeit ist wichtig für die Konkurrenzfähigkeit des Betriebes. Deshalb bezahlt der Betrieb hierfür mehr.

> **Arbeitnehmer mir viel Verantwortung erhalten ein höheres Arbeitsentgelt.**

Außerdem spielen die Belastungen am Arbeitsplatz eine Rolle. Dabei macht es keinen Unterschied, ob diese Belastungen

- körperlich 1 ,
- geistig 2 oder
- psychisch sind.

Umwelteinflüsse wie Lärm, Hitze, Wind und Wetter 3 werden ebenso berücksichtigt, wie Zeitdruck, Stress und Lage der Arbeitszeit.

> **Je höher die Belastungen und je schwerer die Arbeitsbedingungen sind, desto mehr Arbeitsentgelt wird gezahlt.**

Diese Bewertungsmaßstäbe beziehen sich ausschließlich auf den Arbeitsplatz des Beschäftigten. Was die Arbeitsstunde oder Arbeitsleistung wert ist, wird damit allein nicht ausgesagt. Dies hängt auch von weiteren Faktoren ab (Tab.1).

Tab. 1: Faktoren für die Bewertung

betriebliche Faktoren

- Branche
- Wirtschaftskraft des Unternehmens
- Standort des Unternehmens
- Konkurrenz
- Arbeitsmarkt

persönliche Faktoren

- Dauer der Betriebszugehörigkeit
- Stellung im Betrieb
- Familienstand
- Geschlecht 4
- Leistungsfähigkeit

> **Die Arbeitsbewertung und die betrieblichen und persönlichen Faktoren wirken sich auf die Höhe des Arbeitsentgeltes aus.**

Stunden-satz	x	Anzahl der Arbeits-stunden	=	Stunden-lohn
8,50 €/h	x	154 h	=	1309,– €
8,50 €/h	x	160 h	=	1360,– €
8,50 €/h	x	150 h	=	1275,– €

1 Zeitlohn im Handwerk

2 Berechnungsbeispiel für einen Stundenlohn

AUFGABE

1. Ermitteln Sie, wie viele Arbeitstage in diesem Jahr in den Monaten Februar, Mai und Juli anfallen.

3 Zeitlohn im Einzelhandel

7.2 Entgeltformen

Arbeitsaufgaben und Arbeitsentgelt

Eine gerechte Bezahlung berücksichtigt

- die Zeit, die gearbeitet wird,
- die erbrachte Arbeitsleistung.

Unterschiedliche Arbeitsaufgaben werden unterschiedlich bezahlt. Es gibt zwei grundlegende Entgeltformen:

- den Zeitlohn und
- den Leistungslohn.

+ Entgelt, Lohn, Gehalt
Diese Begriffe stehen für die Bezahlung der Arbeit:
- Lohn bei Arbeitern,
- Gehalt bei Angestellten und Beamten.

Zeitlohn

Besonders im Handwerk 1 ist der Zeitlohn die normale Lohnform. Bezahlt wird die Dauer der Arbeit im Betrieb. Unberücksichtigt bleibt die Arbeitsmenge.
Leistungsschwankungen des Arbeitnehmers wirken sich nicht unmittelbar auf die Lohnhöhe aus. Meist wird der Zeitlohn als Stundenlohn angegeben.

> **Der Stundenlohn ist der festgelegte Lohn pro Arbeitsstunde.**

Werden Überstunden geleistet, steigen die Anzahl der Arbeitsstunden und damit der Stundenlohn. Andererseits sinkt er bei niedrigerer Stundenzahl 2 .

In manchen Branchen wird nicht stundenweise, sondern pro Monat abgerechnet. So bekommt ein Beschäftigter im Einzelhandel 3 in der Regel jeden Monat das gleiche Gehalt. Es ist dabei egal, wie viele Arbeitstage im Monat anfallen.

Entgeltformen

4 Maler

5 Fliesenleger

Grundlohn für das Fliesenlegen:	14,40 €/h
Akkordzuschlag (20 %):	2,88 €/h
Normalleistung	1,20 m²/h
wöchentliche Arbeitszeit	40 h/W
Leistung des Arbeitnehmers	1,30 m²/h

Rechnung:
Grundlohn + Akkordzuschlag = Akkordrichtsatz
14,40 €/h + 2,88 €/h = 17,28 €/h

$$\frac{\text{Akkordrichtsatz}}{\text{Normalleistung}} \cdot \text{Leistung} \cdot \text{Arbeitszeit} = \text{Entgelt}$$

$$\frac{17{,}28\ \text{€/h}}{1{,}20\ \text{m}^2/\text{h}} \cdot 1{,}30\ \text{m}^2/\text{h} \cdot 40\ \text{h/W} = \underline{748{,}80\ \text{€/W}}$$

Der Fliesenleger verdient in dieser Woche 748,80 €.

6 Beispiel einer Akkordlohnberechnung

Leistungslohn

In der industriellen Fertigung und in manchen Handwerksberufen, z. B. bei Malern **4** und Fliesenlegern **5**, wird oft Leistungslohn bezahlt. Dazu zählen der:

- Akkordlohn,
- Prämienlohn,
- Beteiligungslohn.

Beim Leistungslohn gilt: Wer mehr leistet, erhält einen höheren Lohn.

Der Akkordlohn kann erhöht werden durch Überschreiten der vorgegebenen Menge (Stückakkord) oder Unterschreiten der vorgegebenen Zeit (Zeitakkord).

Voraussetzung für die Berechnung ist eine vorgegebene Normalleistung. Für diese durchschnittliche Arbeitsleistung wird ein Grundlohn gezahlt. Für darüber hinaus gehende Leistungen gibt es einen Zuschlag – den Akkordzuschlag **6**.

AUFGABE

2. Diskutieren Sie, welche Vor- und Nachteile die Bezahlung nach Akkordlohn hat.

3. Was geschieht, wenn der Arbeitnehmer die Normalleistung nicht erreicht?

Betriebe zahlen Prämien z. B. für

- erzielte Verkäufe (Autohandel)
- oder Abschlüsse (Versicherungen),
- termingerecht erbrachte Leistungen,
- Verbesserungsvorschläge ...

Sie dienen als Anreiz für die Beschäftigten. Sie können damit ihr Grundentgelt erhöhen.

Manche Unternehmen belohnen die gute Arbeit ihrer Beschäftigten mit einer Gewinnbeteiligung. Dieser Beteiligungslohn wird zusätzlich geleistet, entweder als Geldleistung oder als Anteilschein am Unternehmen

1 Tarifverhandlung zwischen gleichberechtigten Partnern

7.3 Tarifvertrag

Wer sind die Vertragspartner?

Die Vertragsverhandlungen übernehmen in der Regel die Tarifvertragsparteien 1 :

- für Arbeitnehmer – die Gewerkschaften,
- für Unternehmen – der Arbeitgeberverband.

Sie regeln in Tarifverträgen

- die allgemeinen Arbeitsbedingungen im Manteltarifvertrag,
- die Mindesthöhe von Lohn bzw. Gehalt im Lohn- und Gehaltstarifvertrag.

Dem Staat ist es nicht gestattet, sich in die Verhandlungen einzumischen. Die Tarifpartner sind autonom, d. h. sie sind unabhängig.

> **Tarifautonomie: Die Tarifpartner sind unabhängig und eigenverantwortlich bei der Entscheidung über den Tarifvertrag.**

Die Tarifverträge werden für die Beschäftigten einer bestimmten Branche und einer bestimmten Region für einen festgelegten Zeitraum abgeschlossen, z. B. alle Beschäftigten der Metallindustrie in Deutschland für zwei Jahre.

Die Tarifautonomie und das Recht zur Bildung von Gewerkschaften sind durch das Grundgesetz garantiert.

AUFGABE

1. Welche Einzelgewerkschaften gibt es im Deutschen Gewerkschaftsbund (DGB)?

2. Welche Vereinigungen sind Verhandlungspartner auf Seiten der Arbeitgeber?

3. Recherchieren Sie, welche Inhalte durch den Manteltarifvertrag geregelt werden.

4. Erklären Sie, was ein Flächentarifvertrag ist.

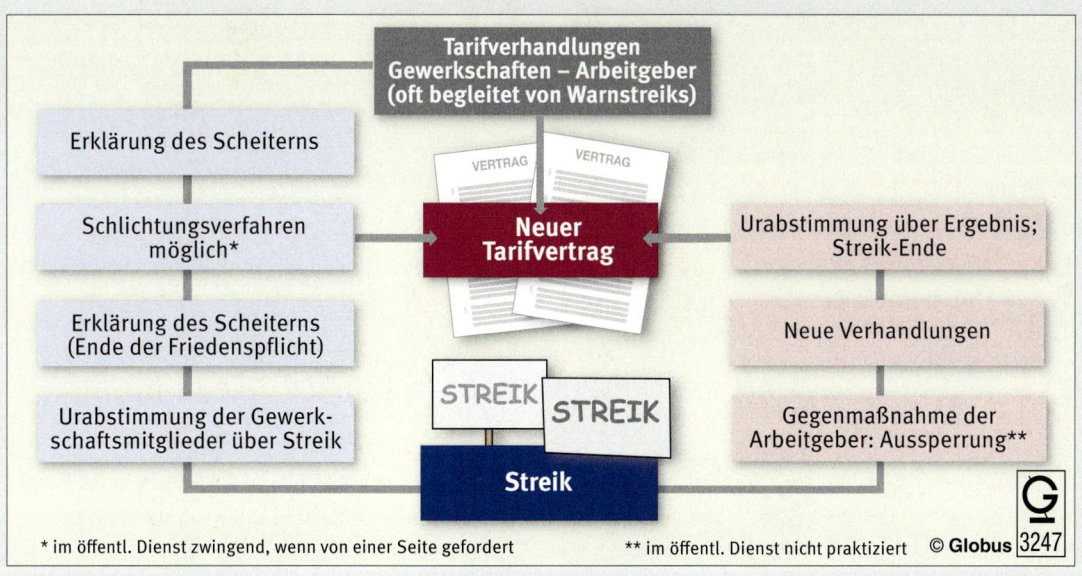

2 Der Weg der Tarifverhandlungen

Wie kommt ein Tarifvertrag zustande?

Die Interessen von Arbeitnehmern und Arbeitgebern sind klar:

- Für die Arbeitnehmer ist das Arbeitsentgelt Einkommen. Es sichert ihre Existenz. Bei steigenden Lebenshaltungskosten, z. B. Lebensmittelpreisen und Mieten, ist eine Lohnerhöhung dringend geboten.
- Für die Arbeitgeber sind Löhne Kosten. Diese verringern ihren Gewinn. Deshalb möchten sie die Löhne möglichst niedrig halten. Hohe Löhne verteuern die Produkte und Dienstleistungen. Diese lassen sich schwerer verkaufen. Damit sind wiederum Arbeitsplätze bedroht.

Diese Interessen sind sehr unterschiedlich. Ein Konflikt ist vorprogrammiert. Wie in jeder Partnerschaft sind deshalb Kompromisse notwendig.

Bei einem Kompromiss verzichtet jeder Partner auf einen Teil seiner Forderungen.

Ein bereits bestehender Tarifvertrag wird nach Ablauf der Vertragslaufzeit fristgerecht – in der Regel von der zuständigen Gewerkschaft – gekündigt.

Zum Start eines neuen Tarifvertrages vereinbaren die beiden Partner Verhandlungen. Die Gewerkschaft trägt ihre Forderungen vor. Die Arbeitgeber lehnen sie – meistens – als überhöht ab.

In einer zweiten Runde legen die Arbeitgeber ein Angebot unterhalb der Lohnforderung vor. Jetzt gibt es mehrere Möglichkeiten des Fortgangs der Verhandlungen 2.

AUFGABE

5. Verfolgen Sie den Weg der Tarifverhandlungen in 2.

a) Beschreiben Sie den Weg mit eigenen Worten.

b) Recherchieren Sie unklare Begriffe.

AUFGABE

1. Auf den Bildern 1 können Sie unterschiedliche Gemeinschaftsaufgaben erkennen, die aus Steuermitteln finanziert werden. Benennen Sie diese und finden Sie weitere.

2. Erkundigen Sie sich zu den verschiedenen Lohnsteuerklassen.

3. Recherchieren Sie, wie hoch der Solidaritätszuschlag derzeit ist.

4. Recherchieren Sie, wer Kirchensteuer bezahlen muss und wie hoch diese in den einzelnen Bundesländern ist.

1 Durch Steuern finanzierte Gemeinschaftsaufgaben

7.4 Entgeltabrechnung

Brutto und Netto

Das im jeweiligen Tarifvertrag festgelegte Arbeitsentgelt ist ein Bruttoentgelt. Diesen Betrag bekommt der Arbeitnehmer nicht ausbezahlt. Aber warum ist das so, wo bleibt der „Rest"?

Der Arbeitgeber muss vor der Auszahlung des Entgelts an den Arbeitnehmer die gesetzlich vorgeschriebenen Abzüge vornehmen. Dies sind die

- Steuern und
- Sozialabgaben.

Sie werden an die zuständigen Stellen überwiesen. Nach Abzug dieser Beträge erhält man das Nettoentgelt.

| Brutto- | − | gesetzliche | = | Netto- |
| entgelt | | Abgaben | | entgelt |

Steuern

Vom Bruttoentgelt werden durch den Arbeitgeber folgende Steuern abgezogen:

- Lohnsteuer,
- Solidaritätszuschlag,
- Kirchensteuer.

Die Lohnsteuer ist die wichtigste Einnahmequelle des Staates 1. Ihre Höhe richtet sich nach dem Bruttoentgelt und der Lohnsteuerklasse. Es gibt sechs Lohnsteuerklassen, in denen der Familienstand und die vorhandenen Kinder berücksichtigt werden.

Mit dem Solidaritätszuschlag wird die Wiedervereinigung Deutschlands finanziert.

Die Kirchensteuer wird an die betreffenden Kirchen weitergeleitet. Sie finanzieren damit Personalkosten, Sozialeinrichtungen, z. B. Kindergärten, Altenheime, mobile Dienste. Zahlen muss sie aber nur, wer einer Kirche angehört.

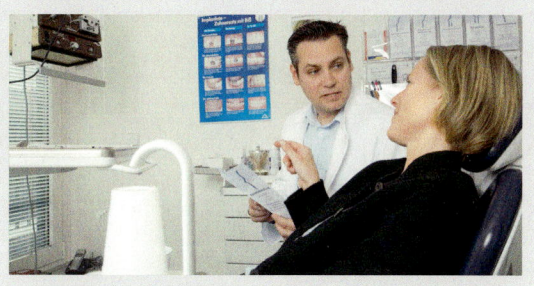

Entgeltabrechnung

2 Zahnarztbehandlung

4 Pflege im Seniorenheim

3 Rentnerehepaar

AUFGABE

5. a) Ermitteln Sie die aktuellen Beitragssätze für die Sozialversicherungen.

b) Welchen Anteil tragen die Arbeitnehmer, welchen die Arbeitgeber?

Sozialabgaben

Vom Bruttolohn werden außerdem die Sozialversicherungsbeiträge abgezogen. Das sind die:

- Krankenversicherung 2 ,
- Rentenversicherung 3 ,
- Arbeitslosenversicherung,
- Pflegeversicherung 4 .

> **Die Beiträge zu diesen Versicherungen werden vom Arbeitnehmer und vom Arbeitgeber in unterschiedlicher Höhe bezahlt.**

Eine Ausnahme ist die Unfallversicherung. Sie wird ausschließlich vom Arbeitgeber finanziert.

+ Führen Sie eine Entgeltabrechnung mit allen gesetzlich vorgeschriebenen Abzügen für einen Single mit einem Bruttoentgelt von 1.900 € durch.

Tab. 1: Welche Sozialversicherungen wofür?

Krankenversicherung
ärztliche und zahnärztliche Behandlung Medikamente Krankenhausaufenthalte, Kuren
Rentenversicherung
Altersrente Erwerbsminderungsrente Reha-Maßnahmen
Arbeitslosenversicherung
Arbeitslosigkeit Kurzarbeit Umschulung
Pflegeversicherung
Pflegefall Familienhilfe Hilfsmittel
Unfallversicherung
Arbeitsunfall Wegeunfall Berufskrankheit

ZUSAMMENFASSUNG

Arbeit und Entgelt

Einflüsse auf das Arbeitsentgelt

Entgelt für geleistete Arbeit

- personenabhängig
- unternehmensabhängig
- Position im Betrieb
- Tarifvertrag

→ **Lohnhöhe**

Entgeltformen

Zeitlohn
- Stundenlohn
- Monatsgehalt

Leistungslohn
- Akkordlohn
- Prämienlohn
- Beteiligungslohn

Tarifvertrag

Gewerkschaften als Arbeitnehmervertreter ⟷ Arbeitgeberverbände als Unternehmervertreter

Tarifautonomie

Lohn- und Gehaltstarifvertrag + Manteltarifvertrag

Einkommenssicherheit + Planungssicherheit

Entgeltabrechnung

Bruttoentgelt
- Steuern
- Sozialabgaben
= Nettoentgelt

Steuern
- Lohnsteuer
- Solidaritätszuschlag
- Kirchensteuer

Sozialabgaben
- Krankenversicherung
- Pflegeversicherung
- Arbeitslosenversicherung
- Rentenversicherung
- (Unfallversicherung)

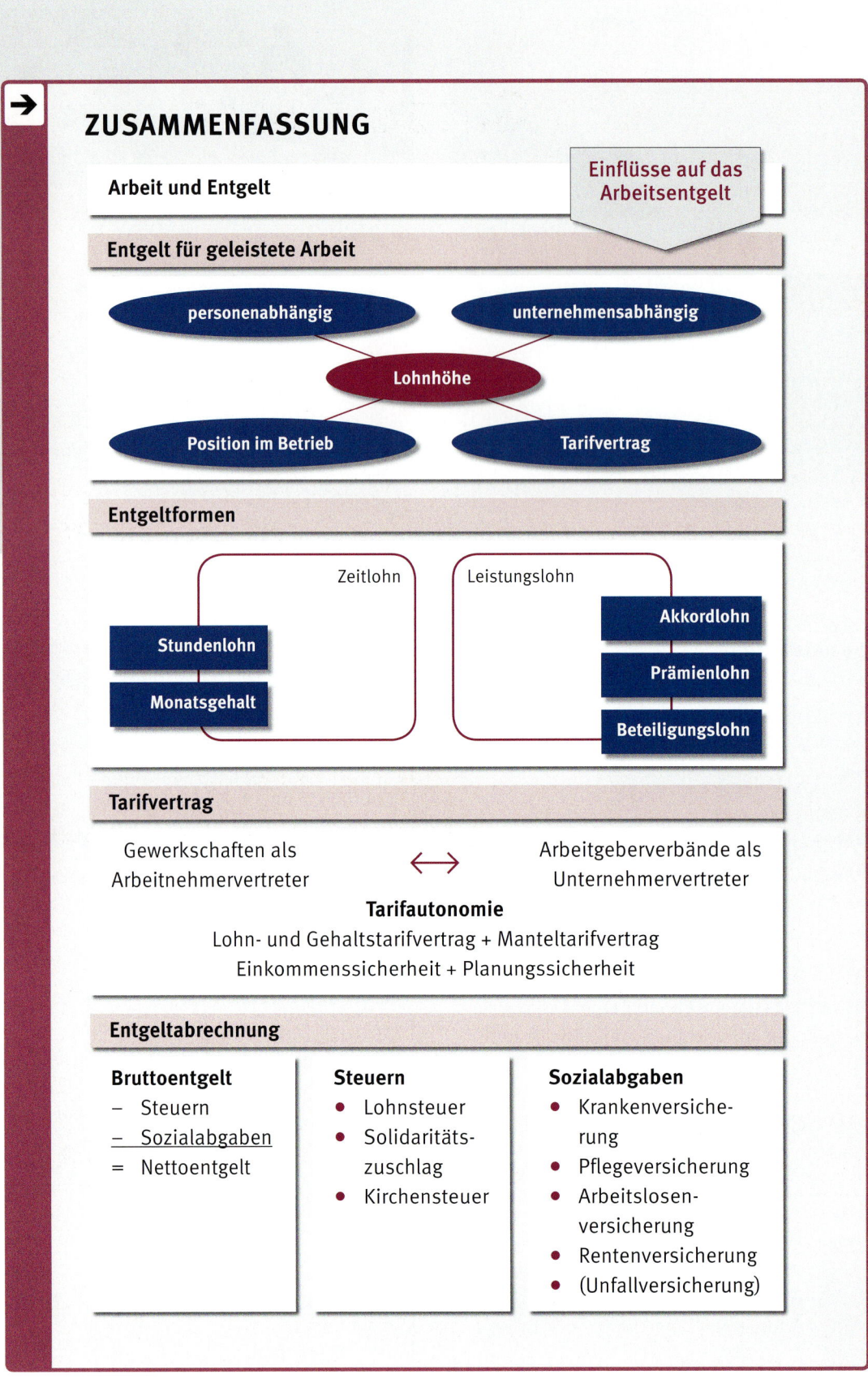

Gut zu wissen 8

8.1
Das eigene Konto

Vorsicht statt Phishing.

8.2
Kaufvertrag

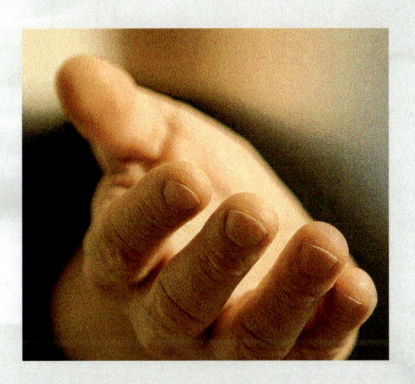

Die Hand drauf!

8.3
Versicherungen

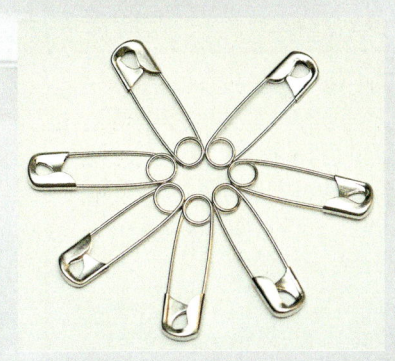

Sicherheit kostet Geld.

1 Der Auftrag für das Geldinstitut – das Überweisungsformular

8.1 Das eigene Konto

Die Ausbildungsvergütung und das Arbeitsentgelt werden ausschließlich bargeldlos auf ein Girokonto überwiesen. Auszubildende und Arbeitnehmer benötigen es deshalb.

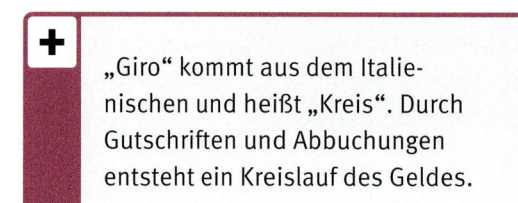

> **+** „Giro" kommt aus dem Italienischen und heißt „Kreis". Durch Gutschriften und Abbuchungen entsteht ein Kreislauf des Geldes.

Mit dem verdienten Geld kann es zum Einkauf gehen. Da gibt es verschiedene Möglichkeiten. Diese haben ihre Vorteile. Sie bergen aber auch Gefahren. Wer sie kennt, kann sie leichter umgehen.

Gegen Gefahren im Leben und in der Arbeitswelt kann man sich versichern. Dazu muss man wissen, welche Versicherungen es wofür gibt und was sie kosten.

Bargeldlose Zahlungsformen

Mit einem Girokonto ist die Teilnahme am bargeldlosen Zahlungsverkehr möglich (Tab. 1).

Tab. 1: Vergleich der bargeldlosen Zahlungsformen

Überweisung	Das Geldinstitut erhält den Auftrag 1, einen bestimmten Betrag vom eigenen Girokonto auf das Empfängerkonto zu übertragen.
Dauerauftrag	Das Geldinstitut erhält den Auftrag, einen bestimmten, immer gleich hohen Geldbetrag, regelmäßig auf das Empfängerkonto zu übertragen.
Lastschrift	Das Geldinstitut des Zahlungsempfängers erhält die Erlaubnis, den fälligen, immer unterschiedlich hohen Betrag abzubuchen (= Einzugsermächtigung).

Das eigene Konto

2 Bargeldlos zahlen mit Unterschrift

3 Das kann gefährlich werden

Phishing ist eine Gefahr beim Online-Banking. Der Online-Nutzer erhält eine E-Mail, die täuschend echt wirkt. Er soll seine Kontodaten mitteilen. Achtung! Eine Bank sendet niemals eine solche E-Mail!

Die Bankkarte – zweierlei Nutzen

In den meisten Geschäften können die Kunden mit Bankkarte bezahlen. Der Händler fordert vom Kunden entweder

- die Unterschrift auf dem Kassenbeleg 2
- oder die Eingabe seiner vierstelligen Geheimnummer (PIN).

Niemals darf die PIN zusammen mit der Bankkarte aufbewahrt werden 3.

Die PIN wird auch am Geldautomaten beim Abheben von Bargeld benötigt. Dabei sollte niemand die Eingabe der Geheimzahl beobachten können. Außerdem ist Wachsamkeit geboten, ob am Geldautomaten manipuliert wurde.

AUFGABE

1. Warum sollte man seine Geheimzahl auswendig wissen und sie nicht auf einem Zettel in der Geldbörse aufbewahren?

Online-Banking

Das Thema Sicherheit spielt beim Online-Banking ebenfalls eine große Rolle. Durch „Phishing" versuchen Betrüger, die Kontodaten auszuspionieren.

Für den ersten Zugang erhält der Kontoinhaber eine Eröffnungs-PIN. Wenn er später erneut auf sein Konto zugreifen will, muss er sich mit Benutzername und Passwort anmelden.

Das Online-Banking bietet die Möglichkeit, von zuhause aus Geldgeschäfte zu erledigen, z. B.:

- Überweisung tätigen,
- Dauerauftrag erteilen,
- Kontoauszüge abrufen ...

Für jeden Zahlungsvorgang gibt der Kontoinhaber eine nur einmal gültige TAN (Transaktionsnummer) ein. Die entnimmt er einer Liste, die ihm die Bank zugesandt hat.

Kaufvertrag

1 Kaufvertrag mündlich   **2** Kaufvertrag schriftlich   **3** Haustürgeschäft

8.2 Kaufvertrag

Der Verkäufer will, der Käufer will auch

Mit dem Arbeitsentgelt oder der Ausbildungsvergütung können Waren und Dienstleistung gekauft werden. Dabei kommt es immer zu einem Kaufvertrag, egal ob dieser mündlich **1** oder schriftlich **2** abgeschlossen wird. Fachleute sprechen von einer „übereinstimmenden Willenserklärung":

- Der Verkäufer hat den Willen, sein Produkt zu verkaufen und den Preis zu kassieren.
- Der Käufer will das Produkt erwerben und dafür den geforderten Preis bezahlen.

AUFGABE

1. a) Welche Möglichkeiten hat ein Verkäufer, wenn der Preis für ein Produkt nicht bezahlt wird?

b) Was kann ein Käufer tun, wenn das gekaufte Produkt kaputt ist?

Haustürgeschäfte

Der Gesetzgeber hat einen besonderen Schutz bei Haustürgeschäften **3** geschaffen. Das sind Kaufverträge, die durch den Besuch eines Vertreters an der „Haustür" zustande kommen. Oft verstehen die Vertreter es, die Kunden zu überreden. Der Kunde hat ein erweitertes Widerrufs- bzw. Rückgaberecht. Darüber muss er schriftlich informiert werden in einer Widerrufsbelehrung. Der Kunde kann von einem derartigen Kaufvertrag zurücktreten:

- ohne Angabe von Gründen,
- in schriftlicher Form,
- innerhalb von zwei Wochen.

> **Ohne Widerrufsbelehrung sind Haustürgeschäfte wirkungslos und ungültig.**

AUFGABE

2. Welche Beispiele sind Ihnen aus eigener Erfahrung für Haustürgeschäfte bekannt?

Kaufvertrag

4 E-Commerce

www.Preisvergleich.de
www.Preisschotte.de
www.schottenland.de

5 Internetseiten zum Preisvergleich

Einkauf im Internet

Eine moderne Form des Handels gewinnt zunehmend an Bedeutung, der „elektronische Handel" – E-Commerce 4 .

Versandhäuser stellen ihre Kataloge ins Internet. Die Kunden können sich mithilfe von Suchfunktionen rasch einen Überblick über die Produktgruppe verschaffen.

Weitere Vorteile des Einkaufs im Internet für den Kunden sind:

- er kann zuhause die Produkte auswählen,
- er kann es jederzeit rund um die Uhr,
- er hat Vergleichsmöglichkeiten zwischen verschiedenen Anbietern (Preis, Qualität, Marke).

Bei diesen Vergleichen helfen dem Verbraucher besondere Seiten im Internet:

- Internet-Auftritt der Stiftung Warentest,
- spezielle Seiten zum Preisvergleich 5 .

Das Internet bietet durch seine interaktiven Möglichkeiten jedem Verbraucher die Möglichkeit, selbst Waren auf dem „virtuellen Marktplatz" anzubieten.

Er nutzt dafür Internet-Plattformen, die entweder – wie ein Kaufhaus – ein vielfältiges Sortiment anbieten oder die sich auf eine Produktgruppe spezialisiert haben (z. B. Autos).

Hier können grundsätzlich zwei Verfahren unterschieden werden:

- Direktkauf zum vorgegebenen Preis,
- Versteigerung mit Zeitbegrenzung.

Die Bequemlichkeit des Internet-Einkaufs birgt jedoch auch Gefahren. Betrüger nutzen die Abwicklung des Kaufs aus. Sie kassieren zuerst und senden dann minderwertige Ware oder im Extremfall gar keine Ware.

> **Vorsicht bei unbekannten Anbietern.
> Bei Auktionsplattformen die Bewertung des Anbieters überprüfen.**

1 Hier zahlt die Kfz-Haftpflichtversicherung

2 Und hier die private Haftpflichtversicherung

8.3 Versicherungen

Wie funktionieren Versicherungen?

Wieso ist es möglich, dass eine Versicherung z. B. jährlich 100 € kostet, sie im Fall eines Schadens aber 10.000 € bezahlt? Dies funktioniert, weil alle Versicherten in diesem Fall für den Schaden aufkommen.

Die Versicherung weiß, wie hoch die Schadenssummen im Durchschnitt sind. Sie weiß auch, dass nicht jeder Versicherte einen Schaden verursacht. Deshalb rechnet sie so:

Anzahl der Schäden pro Jahr · durchschnittliche Schadenshöhe = Gesamtbetrag der Kosten

Gesamtbetrag der Kosten : Anzahl der Versicherten = Beitrag für den einzelnen Versicherten

Welche Versicherung braucht man?

Zusätzlich zu den Sozialversicherungen schreibt der Gesetzgeber vor, dass jeder Kraftfahrzeugbesitzer eine Haftpflichtversicherung 1 abschließen muss. Die Versicherung kommt für Schäden auf, die der Halter des Fahrzeugs bei einem andern verursacht hat.

> **Grundsätzlich gilt: Wer einen Schaden verursacht, muss dafür haften.**

Im Alltag kann es sehr leicht vorkommen, dass man andere schädigt. Mitunter wird die Regulierung des Schadens teuer. Deshalb ist der Abschluss einer privaten Haftpflichtversicherung 2 sinnvoll. Diese kommt für die Kosten auf, wenn der Verursacher nicht grob fahrlässig oder vorsätzlich gehandelt hat.

AUFGABE

1. Nennen Sie Beispiele für
   a) grobe Fahrlässigkeit,
   b) vorsätzliche Schädigung.

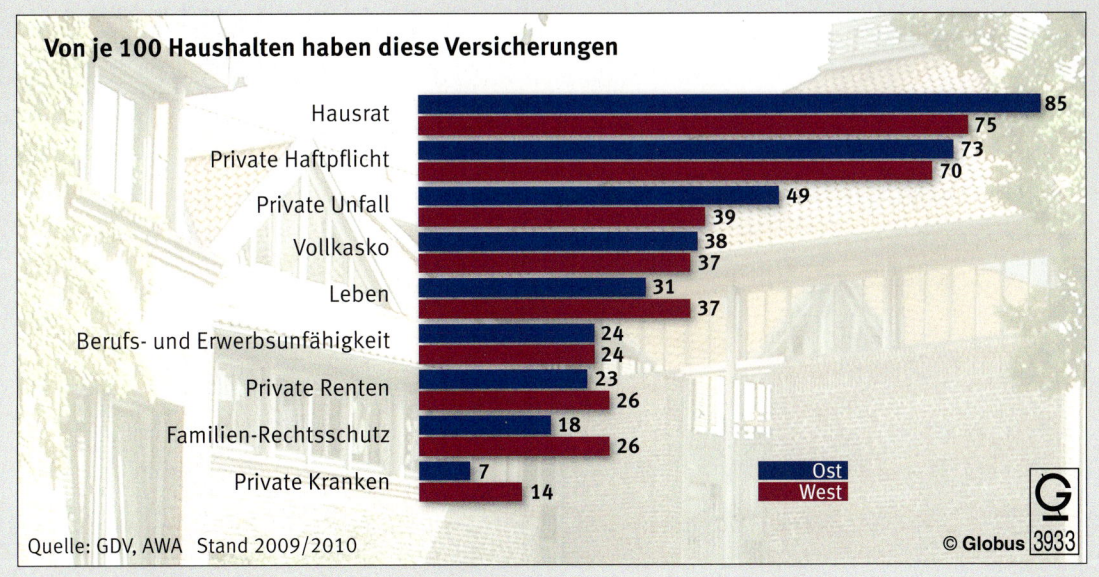

Von je 100 Haushalten haben diese Versicherungen

Versicherung	Ost	West
Hausrat	85	75
Private Haftpflicht	73	70
Private Unfall	49	39
Vollkasko	38	37
Leben	31	37
Berufs- und Erwerbsunfähigkeit	24	24
Private Renten	23	26
Familien-Rechtsschutz	18	26
Private Kranken	7	14

Quelle: GDV, AWA Stand 2009/2010

© Globus 3933

3 Rundum versichert

Es gibt zahlreiche weitere Versicherungsarten 3 und jede kostet Geld. Manche sind unbedingt notwendig, z. B.:

- Haftpflichtversicherung,
- Private Altersvorsorge,
- Berufsunfähigkeitsversicherung …

Manche Versicherungen sind sinnvoll, müssen aber nicht sein, z. B.:

- Hausratversicherung,
- Lebensversicherung,
- Rechtsschutzversicherung,
- Private Unfallversicherung …

Auf andere Versicherung kann ganz verzichtet werden, z. B.:

- Unfallversicherung mit Beitragsrückgewähr,
- Auslandskrankenversicherung (wenn man nur im Inland Urlaub macht),
- Doppelversicherungen …

> **Jeder muss sich die Versicherungen auswählen, die er dringend braucht, die ihm wichtig sind, die er sich leisten kann.**

AUFGABE

2. Prüfen Sie, wofür welche Versicherungen einen besonderen Schutz anbieten.

a) Lebensversicherungen,
b) Haftpflichtversicherung,
c) Private Altersvorsorge,
d) Berufsunfähigkeitsversicherung.

AUFGABE

3. Stellen Sie eine Liste von Risiken zusammen, gegen die Sie sich persönlich versichern würden.

4. Vergleichen Sie Ihre Listen in der Klasse.

5. Diskutieren Sie darüber in der Klasse.

6. Laden Sie einen Versicherungsexperten zu einer Befragung in Ihre Klasse ein.

Der Generationen-Vertrag

Erwerbstätige Erwachsene geben …

… den eigenen Kindern Unterhalt, Erziehung, Ausbildung, Pflege

… den Rentnern durch Beiträge und Steuern die finanziellen Mittel ihrer Renten

Kinder und Jugendliche erhalten Unterhalt und Erziehung

Rentner erhalten Altersruhegeld

1 Der Generationenvertrag

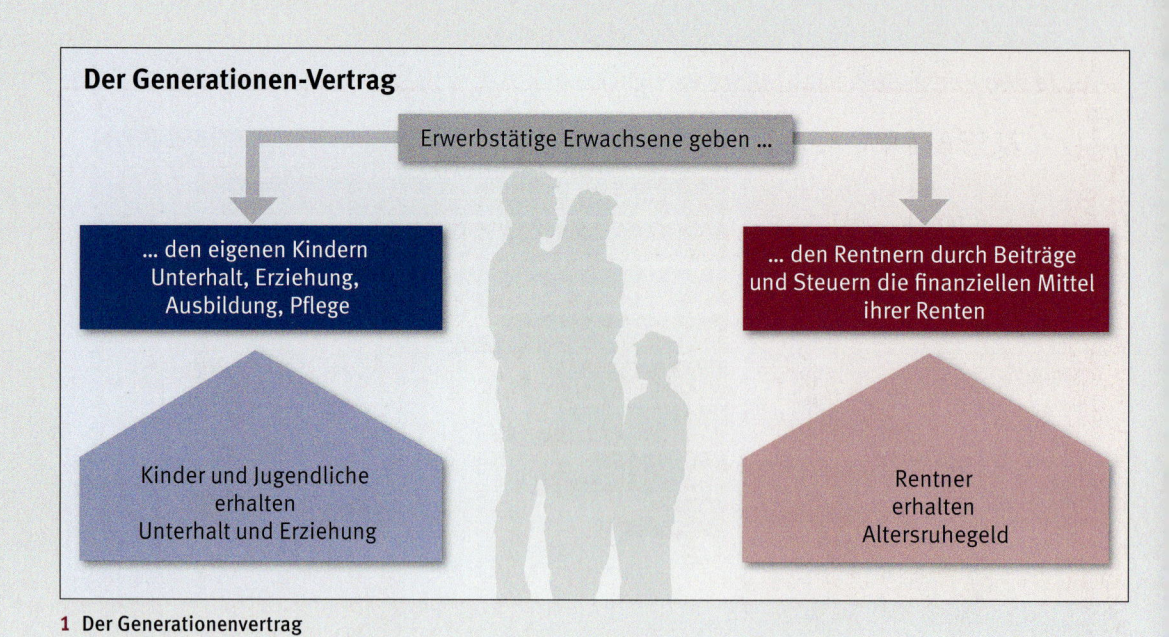

Dringende Empfehlung

In den letzten Jahren wurde die Rentenversicherung umgebaut. Der veränderte Altersaufbau der Bevölkerung in Deutschland machte dies nötig.

Die Beiträge aller Berufstätigen zur Rentenversicherung fließen in die Rentenkasse. Davon werden die Renten bezahlt. Es handelt sich um einen Generationenvertrag 1.

> **Die Generation der Erwerbstätigen kommt für die Generation der Rentner auf.**

Dies hat bis vor wenigen Jahren funktioniert. Heute beeinträchtigen dieses Modell zwei Entwicklungen:

- Die Anzahl der Geburten ist in Deutschland stark zurückgegangen.
- Gleichzeitig ist die Lebenserwartung gestiegen. Die Menschen werden immer älter und sie beziehen ihre Rente über einen deutlich längeren Zeitraum.

Damit ist der Generationenvertrag in Schieflage geraten. Immer weniger Berufstätige müssen für immer mehr Rentner aufkommen. Deshalb wurde die Altersvorsorge auf drei Säulen gestellt:

- Gesetzliche Rentenversicherung,
- Betriebliche Altersvorsorge,
- Private Altersvorsorge.

Es ist sinnvoll, die private Altersvorsorge bereits zu Beginn der Berufslaufbahn abzuschließen. Wer z. B. erst mit 45 Jahren eine solche Versicherung abschließt, muss viel höhere Beiträge bezahlen als ein 25-Jähriger.

> **Wer im Alter ein ausreichendes Einkommen haben möchte, muss bereits in jungen Jahren vorsorgen.**

AUFGABE

1. Informieren Sie sich über die Möglichkeiten der privaten Altersvorsorge.

Zusammenfassung

ZUSAMMENFASSUNG

Verbraucherwissen

Gut zu wissen!

Das eigene Konto

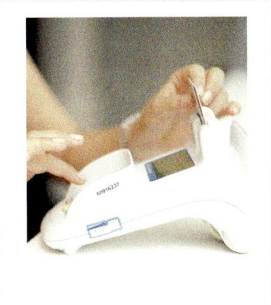

Kaufvertrag

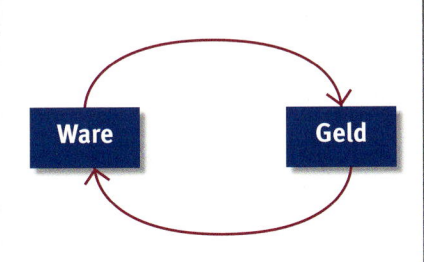

Ware → Geld

Versicherungen

Wie funktionieren Versicherungen?

Anzahl der Schäden pro Jahr · durchschnittliche Schadenshöhe = **Gesamtbetrag der Kosten**

Gesamtbetrag der Kosten : Anzahl der Versicherten = Beitrag für den einzelnen Versicherten

Welche Versicherungen braucht man?

- Haftpflichtversicherung
- Private Altersvorsorge
- Berufsunfähigkeitsversicherung

Register

A
Abmahnung 77
Akkordlohn 93
Akkordzuschlag 93
Anlage 50, 56
Anschreiben 50 ff., 56
Arbeiterverein 16
Arbeitgeberverband 94
Arbeitsbewertung 91
Arbeitsentgelt 14, 90 f.
Arbeitsplatzgestaltung 85
Arbeitsschutz 80
Arbeitsschutzmaßnahme 27
Arbeitsteilung 15
Arbeitsverhältnis 79
Arbeitsvertrag 78
Arbeitszeit 22
Arbeitszeitgesetz (ArbZG) 82
Arbeitszeitmodell 22
Arbeitszerlegung 30
Arbeitszeugnis 56
Aufhebungsvertrag 77, 79
Auktionsplattformen 103
Ausbilder 43
Ausbildung 13
Ausbildungsmesse 44, 46
Ausbildungsreife 33
Ausbildungsvergütung 68 f.
Ausbildungsvertrag 72, 74
Ausbildungszeit 68, 76
Ausbildungszeugnis 77
Aussperrung 95

B
Bankkarte 101
Belastung 26 ff.
Berufsanforderung 41
Berufsausbildung 65 ff.
Berufsausbildungsbeihilfe (BAB) 67 f.
Berufsausbildungsvertrag 73
Berufsausbildungsvorbereitung 65 f.
Berufsbild 41
Berufseignung 33
Berufsinformationszentrum 45
Berufsvorbereitende Bildungsmaßnahme (BvB) 66 f.
Berufsvorbereitungsjahr (BVJ) 66 f.
Beteiligungslohn 93
Betriebsfrieden 29
Betriebspraktikum 44, 47
Betriebsrat 86 f.
Bewerbung 50
Bewerbungsmappe 50 ff.
Bewerbungsschreiben 50 ff.
Bewerbungstest 50
Bewerbungsunterlagen 50 f.
Bundesausbildungsförderungsgesetz (BAföG) 69
Bundesurlaubsgesetz (BUrlG) 82

D
Dauerauftrag 100
duale Ausbildung 65, 68
duales System 65

E
E-Commerce 103
Eignungstest 61
Einkommen 6 f.
Einstellungstest 60
Entgelt 90
Entgeltabrechnung 90 ff.
Entgeltform 92
Entgeltfortzahlung 84
Erwerbsarbeit 14

F
Fachtheorie 68
Fähigkeit 37, 38, 40 ff.
Flexibilität 23
Fremdeinschätzung 38 f.

G
Gefahrenstoff 85
Gehalt 92
Geheimnummer 101
Generationenvertrag 106
Gewerkschaft 16, 94
Gewinnbeteiligung 93
Girokonto 100
Globalisierung 16
Grundbedürfnis 7

H
Handwerk 17
Haustürgeschäfte 102
human 30, 86

I
Industrie 17
interaktiv 44
Investition 13

J
Jugend- und Auszubildendenvertretung 87
Jugendarbeitsschutzgesetz 80

K
Kammer 75 f.
Kapital 12
Karenztage 84
Karriere 11
Kaufkraft 12
Kaufvertrag 102
Kommunikationsfähigkeit 9, 25, 41

Kompetenz 25
Konfliktbewältigung 25
konkurrenzfähig 11
Konkurrenzfähigkeit 91
Kooperationsbereitschaft 9
Kooperationsfähigkeit 25, 38 ff.
Koordinationsfähigkeit 38
Kosten 20, 86
Krankengeld 84
Kündigung 77, 79
Kündigungsart 79
Kündigungsfrist 79
Kündigungsschutz 83
Kündigungsschutzgesetz (KSchG) 83
Kurzbewerbung 57

L
Lastschrift 100
Lebenslauf 50, 54, 56
Lehrlingsrolle 75
Leistungslohn 92 f.
Lohn 92
Lohn- und Gehaltstarifvertrag 94

M
Manteltarifvertrag 94
Mindestausbildungszeit 76
Mindesturlaub 82
Mitbestimmung 86 f.
Mobbing 28
Mobilität 24
Mutterschutzgesetz (MuSchG) 81

N
Nichterwerbsarbeit 14
Niedriglohnland 16

O
Online-Banking 101
Online-Bewerbung 57

P
Pause 82
Phishing 101
PIN 101
Praktikum 43
Praktikumszeugnis 56
Prämie 93
Prämienlohn 93
Probezeit 75, 77 f.
Puls 39

Q
Qualifikation 12, 90

R
Rhythmus 20
Rollenspiel 58
Ruhezeit 82

S
Schichtarbeit 21
Schlichtung 95
Schlüsselqualifikation 25
schriftlichen Bewerbung 50
schulische Ausbildung 65
schulische Berufsausbildung 69
Schutzmaßnahme 85
Schwerbehindertengesetz (SchwbG) 81
Selbsteinschätzung 38 f.
Selbsterkundung 58
Selbsterkundungsbogen 38 f.
Solidarität 9, 29
Sonntagsarbeit 22
Stammpersonal 12
Stress 28
Stundenlohn 92

T
Tarifautonomie 94
Tarifvertrag 94
Teamfähigkeit 25, 38
Technik 16
Teilzeitarbeitsplatz 24

U
Überweisung 100
Umgangsform 59
Urberuf 15

V
Vermittelbarkeit 33
Versicherung 104
Vertrag 72
Vertragspartner 72, 94
Vertragsverhandlung 94
Vollzeitunterricht 69
Vorstellungsgespräch 50, 58 f.

W
Wach-Schlaf-Rhythmus 21
Wettbewerbsvorteil 12
Widerrufsbelehrung 102
Wirtschaftssektor 17
Wochenendarbeit 22

Z
Zahlungsformen 100
Zeitlohn 92
Zeugnis 54, 56
Zugangsvoraussetzung 41
Zulage 21

Glossar

Arbeiterverein: politischer Zusammenschluss von Arbeitnehmern mit dem Ziel, eine spürbare Verbesserung der sozialen Lage der Arbeitnehmer und bessere Arbeitsbedingungen zu erreichen

Arbeitsschutzmaßnahmen: alle Maßnahmen zur Verhütung von Arbeitsunfällen und von Gefahren für die Gesundheit, einschließlich der Arbeitsplatzgestaltung

Arbeitsteilung: eine ursprünglich von einer Person bewältigte Arbeitsaufgabe wird auf mehrere Personen verteilt

Arbeitszerlegung: eine Form der Arbeitsteilung, bei der ein Produktionsprozess in mehrere einzelne Teilprozesse zerlegt wird

Aussperrung: ist die Gegenmaßnahme der Arbeitgeber auf einen Streik, sie bedeutet vorübergehende Freistellung der Arbeitnehmer ohne Entgeltfortzahlung

Berufsbild: es beschreibt typische Anforderungen, Aufgaben und Tätigkeiten eines bestimmten Berufes

Betriebsfrieden: Betriebsrat und Arbeitgeber haben alles zu unterlassen, was den Arbeitsablauf oder den Frieden im Unternehmen beeinträchtigt, sie dürfen keine Maßnahmen des Arbeitskampfes, z. B. Streik oder Aussperrung, gegeneinander ergreifen

Einkommen: alle Geldleistungen, die ein privater Haushalt im Laufe eines bestimmten Zeitraumes erhält, meist setzt sich das Einkommen aus verschiedenen Posten zusammen, z. B. Arbeitsentgelt, Zinsen aus Sparguthaben, Wohngeld …

Gewerkschaft: Interessenvertretung der Arbeitnehmer, sie sind der Verhandlungspartner der Arbeitgeberverbände bei Tarifverhandlungen

human: menschlich

interaktiv: wechselseitiges Aufeinanderwirken

Investition: Einsatz bringen, um später davon zu profitieren

Kammer: Organisation der Arbeitgeber für bestimmte Gewerbebereiche, meist besteht eine Pflichtmitgliedschaft

Kapital: in diesem Zusammenhang bedeutet der Begriff Vermögen, Besitz

Karenztage: Sperrzeit für die Lohnfortzahlung, es wird kein Arbeitsentgelt gezahlt während dieser Zeit

Karriere: persönliche Laufbahn im Berufsleben

Kaufkraft: gibt an, wie viele Produkte und Dienstleistungen mit einem bestimmten Geldbetrag, z. B. dem Einkommen gekauft werden können

Kommunikationsfähigkeit: das Vermögen, sich verständlich auszudrücken und die Botschaften anderer richtig zu verstehen

Kompetenz: die Fähigkeit zu etwas haben

konkurrenzfähig: wenn es einem Unternehmen gelingt, Produkte und Dienstleistungen erfolgreich zu verkaufen

Kooperationsbereitschaft: die Bereitschaft, mit anderen zusammenzuarbeiten

Koordinationsfähigkeit: Vermögen, verschiedene Vorgänge, z. B. Bewegungen zusammen und gleichzeitig auszuführen

Kosten: Aufwand an Geld, Personal, Material usw. für die Erstellung von Produkten und Dienstleistungen

Lehrlingsrolle: die Kammern führen ein Verzeichnis, in dem alle bestehenden Berufsausbildungsverträge eingetragen werden

Mobbing: andere Menschen absichtlich und fortgesetzt ärgern, quälen und seelisch verletzen

Niedriglohnland: Land, in dem Produkte und Dienstleistungen durch niedrig bezahlte Arbeitnehmer erstellt werden

Puls: wichtiges Merkmal zur Beurteilung der Herztätigkeit, ein Pulsschlag entspricht einem Herzschlag, Normalwert 60–80 Schläge pro Minute

Rhythmus: regelmäßig wiederkehrende Zustände und Veränderungen

Schlichtung: der Streit zwischen Tarifparteien wird durch den vorgeschlagenen Kompromiss eines neutralen Vermittlers beigelegt

Schlüsselqualifikation: allgemeine, personengebundene Fähigkeiten, die es ermöglichen, sich der ständig verändernden Berufswelt anzupassen

Solidarität: Zusammenhalt zwischen gleichgesinnten Einzelpersonen und Gruppen und der Einsatz für erstrebenswerte, gemeinsame Lebensinhalte und Ziele

Stammpersonal: berufserfahrene Arbeitnehmer, die fest im Unternehmen mitarbeiten

Stress: durch bestimmte äußere Faktoren hervorgerufener Druck bzw. entstehende Anspannung, er kann positiv oder negativ empfunden werden

Teamfähigkeit: bezeichnet die Fähigkeit sich in eine Gruppe von Menschen einzubringen, seine Fähigkeiten in den Dienst dieser Gruppe zu stellen

Technik: alle von Menschen hergestellten Gegenstände, Maschinen und Geräte

Teilzeitarbeitsplatz: ein Arbeitnehmer arbeitet regelmäßig kürzer als ein vergleichbarer Vollzeitarbeitnehmer

Umgangsformen: bestimmte Verhaltensweisen gegenüber anderen Personen

Wach-Schlaf-Rhythmus: regelmäßig und biologisch vorbestimmter Takt, bei dem der Körper wach ist bzw. schlafen muss

Wettbewerbsvorteil: Vorsprung eines Unternehmens gegenüber seinen Konkurrenten (anderen Unternehmen)

Wirtschaftssektor: Ausschnitt aus der Wirtschaft, unterschieden werden Landwirtschaft, produzierendes Gewerbe, Dienstleistungsbereich